SOUVENIRS

DU

SECOND EMPIRE

DU MÊME AUTEUR

SOUVENIRS DU SECOND EMPIRE

PREMIÈRE PARTIE

LA PRÉSIDENCE ET LE COUP D'ÉTAT

1 volume gr. in-18, prix : 3 francs.

LE SECRET

DU CHEVALIER DE MÉDRANE

1 volume in-18, prix : 3 francs.

SOUVENIRS

DU

SECOND EMPIRE

PAR

A. GRANIER DE CASSAGNAC

DEUXIÈME PARTIE

L'ÉTABLISSEMENT DE L'EMPIRE
LE MARIAGE
LA GUERRE DE CRIMÉE

PARIS

E. DENTU, LIBRAIRE-EDITEUR

PALAIS-ROYAL, 15-17-19, GALERIE D'ORLÉANS

—

1881

Tous droits réservés

SOUVENIRS
DU
SECOND EMPIRE

DEUXIÈME PARTIE

I

LE RUBICON PASSÉ.

En passant le Rubicon, César en appelle au peuple romain. — En dissolvant l'Assemblée, Louis-Napoléon en appelle au peuple français. — Ils manquaient l'un et l'autre d'une solution légale. — Ils sont forcés de recourir au plébiscite, source du droit politique dans les démocraties. — Quelle fut la décision du peuple?

Un peu après minuit, le 2 décembre, le Prince Louis-Napoléon réunit en un dossier les décrets et les proclamations, dont les copies imprimées allaient être affichées à sept heures; et, après l'avoir soigneusement enveloppé et cacheté, il écrivit sur l'enveloppe : Rubicon.

Il s'était résolu, comme César dans une circonstance analogue, à violer, à ses risques et périls, la loi constitutionnelle, pour répondre à l'appel de l'opinion publique, qui l'invitait à prendre la direction des affaires de son pays.

J'ai vu à l'Exposition, il y a quelques années, un César à cheval, rêveur et la tête inclinée, avant de passer le Rubicon. Le peintre avait placé devant le cheval un ruisseau bourbeux, plein de glaïeuls, de nymphéas et autres plantes amies du bourbier, si bien que le cavalier semblait réfléchir à l'ennui de salir ses élégants brodequins, sa housse de pourpre et le poitrail soyeux de sa noble monture.

Toute autre était sa préoccupation. César, se dirigeant de Milan sur Rimini, la première ville italienne placée sur sa route, et qu'il occupa au point du jour, se servit naturellement du pont construit sur la chaussée qui menait à Rome, quand on venait, comme lui, de la Gaule cisalpine.

Pour César, passer le Rubicon, limite séparative de l'Italie et de la Province de Gaule, qui lui était attribuée, c'était violer la loi qui défendait à tout gouverneur de sortir de sa province et d'aller à Rome solliciter le consulat, sans avoir au préalable licencié ses troupes. Il se trouvait, en effet, dans cette situation, sans issue légale : d'un côté, pour solliciter le consulat, la loi l'obligeait d'être de sa personne à Rome ; d'un autre côté, il ne pouvait régulièrement franchir la frontière de sa province et se rendre à Rome qu'après avoir licencié ses troupes, de façon à ne se présenter aux comices qu'en simple particulier.

Or, Pompée, son rival et son ennemi, était à Rome avec deux légions, refusant de les licencier, quoique César eût offert de licencier en même temps les siennes. Rome était divisée ; la moitié du Sénat était pour César, l'autre pour Pompée. Le consul le menaçait, mais les tribuns du peuple allèrent le trouver à son camp. En cet état de choses, il se décida à violer la loi, laissant au peuple romain le soin de le condamner ou de l'absoudre. La résolution prise, il lança son cheval sur le pont du Rubicon, suivi par cinq mille hommes, et prononçant, en grec, dit Plutarque, les paroles célèbres rapportées en latin défectueux par Lamartine : « Le dé est lancé » ; — *anériphtô Kybos* (1).

Pour le prince Louis-Napoléon, passer le Rubicon, c'était aussi violer la Constitution de 1848, dont l'article 111 exigeait une majorité des *trois quarts* des voix, pour qu'elle pût être révisée. Sans doute, la révision avait été votée par 446 voix contre 278 ; mais cette majorité de 168 voix, quoique considérable, n'était pas des *trois quarts*, et par conséquent ne donnait pas la faculté légale de faire appel à la volonté du pays. Alors, déférant au vœu de quatre-vingts conseils généraux et de quinze cent mille pétitionnaires, comme César avait déféré à l'appel de Rome, de la moitié du Sénat et des tribuns, il prit sur lui de prononcer, sans en avoir le droit strict, la dissolution de l'Assemblée, laissant à la nation souveraine, convoquée dans ses

---

(1) Lamartine a dit : *alea jacta est ;* le texte latin régulier, donné par Hirtius, est : *jactá alea est.*

comices, le soin de désavouer ou d'absoudre le parti auquel il s'était résolu.

Voilà donc, au point où nous sommes parvenus de ces *Souvenirs*, le Rubicon passé, et passé l'épée à la main. L'Assemblée étant dispersée, le Prince reste maître du pouvoir; mais, il faut bien le reconnaître, ce pouvoir, considéré à la première heure, n'est qu'un fait. Cette main mise sur l'autorité ne saurait suffire à aucun gouvernement. Moins qu'aucun autre, le prince, serviteur respectueux de la volonté nationale, s'en serait contenté. Il lui fallait donc légitimer sa prise de possession en la trempant dans la source d'où le droit politique moderne découle, c'est-à-dire en la soumettant à la sanction de la souveraineté nationale. L'épreuve solennelle était fixée aux 20 et 21 décembre. Ce moment déciderait si, aux yeux de la France, souverain juge, le 2 Décembre devait être considéré comme un acte d'usurpation ou de salut, comme la satisfaction d'une ambition personnelle, ou le dénouement nécessaire d'une crise sociale.

En attendant le jour de l'épreuve solennelle, quelle fut l'impression qu'à l'heure même où les faits s'accomplissaient, l'opinion publique, dans son acception la plus générale, éprouva et laissa paraître, soit à Paris, soit dans les départements?

Ce témoignage du sentiment public, au lendemain même du 2 Décembre, est important à recueillir, parce qu'il était la mesure en laquelle se trahissait, dans toute sa spontanéité, l'état réel des âmes, et qu'aucune cause n'avait encore eu le temps d'en altérer la sincérité.

II

LE 2 DÉCEMBRE JUGÉ A PARIS.

Sentiment de Paris sur le 2 Décembre. — Le peuple prit parti pour le coup d'Etat. — Témoignage formel de Victor Hugo sur ce point. — Il constate que le peuple de Paris approuva Louis-Napoléon. — Le sentiment de la bourgeoisie fut le même. — Députation des industries à l'Elysée. — Noms des délégués qui vont féliciter le prince. — Approbation donnée par la province.

Eh bien! le sentiment général de Paris fut favorable, et je vais en donner une preuve sans réplique; c'est l'attestation d'un témoin oculaire, qu'aucun ennemi du prince ne récusera.

Je n'ai pas à juger ici la forme passionnée avec laquelle M. Victor Hugo a raconté le 2 Décembre, dans le livre en deux volumes qu'il a intitulé : *Histoire d'un Crime;* mais si je montre qu'un tel historien déclare, en termes exprès et formels, que le peuple de Paris, pris en masse, adhéra au 2 Décembre, nul, au moins dans le parti républicain, n'aurait autorité suffisante pour récuser la vérité d'un fait aussi important, attesté par une telle plume.

Or, voici le récit que fait M. Victor Hugo des impressions et du jugement du peuple de Paris, le 2 décembre au matin, à l'heure où les ouvriers, allant à leur travail, vers sept heures, purent lire les décrets, affichés à l'instant même, par lesquels la Chambre était dissoute, le suffrage universel rétabli, et le peuple convoqué pour un plébiscite.

Un brave homme, ouvrier ébéniste, qui logeait dans la maison même de Victor Hugo, lui annonça les événements. Naturellement, le poète questionna l'ouvrier sur l'attitude du peuple, placé en présence de faits d'une telle gravité, et voici la réponse de cet ouvrier, nommé Girard, telle que M. Victor Hugo la rapporte :

« Les ouvriers, dit Girard, lisent les affiches, et vont à leur travail. Il y en a *un sur cent* qui parle, et c'est pour dire : — La loi du 31 mai est abolie ? — C'est bon ! — Le suffrage universel est rétabli ? — C'est bien ! — La majorité réactionnaire est chassée ? — A merveille ! — Thiers est arrêté ? — Parfait ! — Changarnier est empoigné ? — Bravo ! — Bref, continue Girard, c'est ma conviction, LE PEUPLE ADHÈRE ! »

Tel est le témoignage de l'ouvrier qui donne, le 2 décembre au matin, son appréciation sur l'attitude du peuple de Paris, dont il a vu l'indifférence pour l'Assemblée, et dont il a entendu les railleries contre ses chefs. Voici maintenant le témoignage de M. Victor Hugo lui-même. Il est encore plus formel et plus grave, parce qu'il est la constatation de faits dont il a été témoin.

Le 2, le 3, le 4, le 5 décembre, M. Victor Hugo parcourut lui-même, avec un petit groupe de députés républicains, divers quartiers de Paris, afin de s'assurer des dispositions du peuple et d'essayer de le pousser à l'insurrection. Après cette étude de l'état moral de Paris, M. Victor Hugo écrit ceci : « La torpeur du faubourg Saint-Antoine était visible ; l'inertie du faubourg Saint-Marceau ne l'était pas moins. Il était inutile d'insister ; il était évident que les quartiers populeux ne se lèveraient pas. » Et lorsque tout fut fini, le 6 décembre, M. Victor Hugo résuma ainsi l'attitude générale de la population parisienne dans la lutte :

« Le peuple recula. Il recula le 5 ; le 6, IL DISPARUT ».

« Nous nous retrouvâmes, le 5, ce que nous étions le 2, — SEULS ! »

Ainsi s'est exprimé M. Victor Hugo dans le livre sur le 2 Décembre qu'il a intitulé *Histoire d'un Crime*. C'était un singulier crime, on en conviendra, que celui auquel le peuple de Paris *adhérait ;* crime qu'un très petit groupe d'hommes politiques maudissait, et qu'allaient saluer, dans quelques heures, les acclamations de la France.

L'attitude du peuple, des ouvriers de Paris, sur l'acte du 2 Décembre est donc constatée par un témoignage formel et irrécusable. Dans la lutte violente qui vient d'éclater entre l'Assemblée législative et le président de la République, le peuple abandonne et raille l'Assemblée, et se range à la cause du Président. Les quelques députés auxquels est mêlé M. Victor Hugo, se promènent, s'agitent, rédigent des protestations : l'indifférence générale les accueille ; du commencement à la fin, ils demeurent *seuls*.

Il me reste maintenant à faire connaître quelle fut, après l'acte du 2 Décembre, l'attitude de la bourgeoisie parisienne, de cette classe intelligente, laborieuse, presque toute d'origine ouvrière, et dont les travaux et les produits ont créé la renommée industrielle de Paris.

Eh bien ! l'attitude de la bourgeoisie parisienne, elle va la faire connaître hautement elle-même, en se rendant par de nombreux délégués à l'Élysée, pour remercier le président de la République d'avoir assuré la sécurité du pays et donné un avenir au travail.

Donc, un groupe nombreux de chefs de maisons demandèrent une audience, qui leur fut accordée pour le 20 décembre. Là étaient représentées, par des hommes considérés dans leur profession, un grand nombre d'industries : les châles, les bronzes, les orgues, l'imprimerie, les instruments de chirurgie, les machines hydrauliques, les meubles sculptés, les aiguilles, les chocolats, les instruments de mathématiques, les ornements de cuivre, les papiers peints, les instruments d'optique, l'orfèvrerie, la bijouterie, la coutellerie, la fonderie, les boutons de porcelaine, et d'autres industries encore ; et ceux qui venaient remercier le président de la République portaient des noms bien connus ; ils s'appelaient Sallandrouze-Lamornaix, Samson, Vittoz, Biétry, Hermann, Charrière, Ducroquet, Paillard, Plon, Kriéger, Fourdinois, Durand, Desbordes, Thouvenin, Védy, Délicourt, Lemonnier, Rudolphi, Corvoisier, Béchu, Trélon. Parmi ces délégués, l'un des plus ardents et des plus convaincus était M. Ménier père, chef d'une famille qui représente encore honorablement les chocolats, mais qui alors représentait aussi la reconnaissance de Paris pour l'auteur du 2 Décembre.

Toutefois, l'explosion de cette gratitude n'eut pas seulement le Prince pour objet ; une partie de cette bourgeoisie parisienne, si réservée, si modérée, voulut étendre son hommage jusqu'aux soldats, qui avaient soutenu la cause du Président et vaincu l'émeute. J'ai dit que la lutte avait coûté à l'armée 25 morts et 184 blessés. Le *Constitutionnel* dut ouvrir ses colonnes à une souscription faite par ses abonnés, en faveur de ces victimes et de leurs familles. On trouve dans cette liste toutes les variétés de la bourgeoisie, des notaires, des agents de change, des tribunaux de commerce, des compagnies de garde nationale appartenant aux quartiers populaires, tels que la Villette, le Sous-Comptoir d'escompte du bâtiment, l'*Union* des voitures de place, des commerçants de grande notoriété, comme les Paturle et Lupin, les Gros et Rodier, les Firmin Didot, les Monin-Japy, et beaucoup d'autres.

On le voit, Paris, considéré dans ses deux grandes divisions, Paris-ouvrier et Paris-bourgeois, sanctionna immédiatement l'œuvre du 2 Décembre, et accorda à l'acte du Prince une approbation que la France ne pouvait donner que dans les comices du 20 et du 21.

Tandis que Paris se prononçait ainsi, que faisait la province ? Il est indispensable, pour apprécier avec exactitude la base morale sur laquelle se posa le second Empire, d'étudier, dans son éclosion immédiate et spontanée, l'impression que loin de Paris, et dès les premières nouvelles, les esprits éprouvèrent de l'issue de la lutte

1.

ouverte entre le président de la République et l'Assemblée.

Cette recherche est d'autant plus nécessaire, que la demande de poursuites contre les auteurs et les complices du 2 Décembre, signée par quinze membres de l'Assemblée nationale, pourrait faire supposer à la génération nouvelle, étrangère aux événements de 1852, que Louis-Napoléon, par sa prise de possession du pouvoir, avait blessé l'opinion des départements, et imposé son gouvernement aux populations surprises et désarmées.

III

LE 2 DÉCEMBRE JUGÉ EN PROVINCE.

Proposition de M. Marcou et de ses collègues. — Elle n'est qu'une revendication personnelle et intéressée. — Carcassonne, Toulouse, Lyon et Marseille saluent le Prince comme un libérateur. — Adresses enthousiastes de ces villes. — Elles applaudissent à la défaite du socialisme.

C'est M. Marcou, député de Carcassonne, qui a signé et déposé sur le bureau de la Chambre cette demande de mise en accusation des auteurs du 2 Décembre. Elle a reçu, en outre, la signature de quatorze autres représentants, dont les plus notables sont M. Duportal, député de Toulouse, M. Durand, député de Lyon, et M. Bouchet, député de Marseille.

Avant d'aborder en lui-même le récit de l'accueil fait, dans les départements, à l'acte du 2 Décembre, au moment même où la nouvelle s'en répandit, j'ai besoin de débarrasser mon sujet de la confusion que pourrait y jeter la revendication de M. Marcou et de ses amis, en montrant que les villes au nom desquelles ils réclament des châtiments furent précisément les plus ardentes et les plus promptes à féliciter le prince Louis-Napoléon de sa patriotique initiative.

A Carcassonne, ville que M. Marcou veut venger du 2 Décembre, le Conseil municipal vota au prince une adresse où il disait : « La dissolution de l'Assemblée est un grand acte. Il a sauvé la France, nous venons adhérer à cette mesure énergique. » Et comme si la ville n'avait pas dit assez clairement ce que pensaient les populations, les communes rurales de l'Aude votèrent *quatre cent trente-cinq* adresses analogues, dont *cent* partirent de l'arrondissement de M. Marcou.

A Toulouse, que M. Duportal veut venger également, tous les corps constitués, le Conseil municipal, la Faculté des lettres, la Faculté des sciences, la Faculté de droit, le Consistoire de l'Église réformée, la Chambre et le Tribunal de commerce, votèrent au prince une adresse de félicitations. Le Conseil municipal disait : « Le grand homme dont vous portez dignement le nom mérita surtout la reconnaissance de la patrie en domptant l'anarchie, et en reconstituant sur ses bases la société bouleversée. En présence d'éventualités menaçantes, vous avez résolu d'assurer l'avenir du pays. Poursuivez, Prince, la noble tâche remise en vos puissantes mains. » Interprétant et complétant la pensée de la ville de Toulouse, le département de la Haute-Garonne fit parvenir au président de la République *quatre cent quatre-vingt-onze* adresses, dont *cent vingt-neuf* délibérées par le propre arrondissement de M. Duportal.

A Lyon, les trois corps municipaux des villes de Lyon, de la Guillotière et de la Croix-Rousse, prirent part à ce mouvement général et spontané d'adhésion.

Celui de Lyon disait : « Le salut de la patrie vous a

. inspiré un acte énergique. Au nom de la ville de Lyon, le Conseil municipal vient vous offrir l'expression de ses respectueuses sympathies. »

Celui de la Guillotière disait : « L'acte d'héroïsme par lequel vous avez sauvé la France a mis en émoi les passions qui fermentaient dans les bas-fonds de la société. Vous avez brisé les efforts qui avaient pour but de ruiner les espérances les plus légitimes de la patrie. »

De son côté, le corps municipal de la Croix-Rousse déclara qu'il venait associer ses félicitations à celles qui étaient adressées au Prince de tous les points de la France.

Enfin, le conseil municipal de Marseille, encore plus empressé que les autres, adressa, dès le 2 décembre, au président de la République, une adhésion votée à l'unanimité.

Les onze autres villes au nom desquelles les amis de M. Marcou demandent des châtiments contre les auteurs du 2 Décembre, firent exactement comme Marseille, Lyon, Toulouse et Carcassonne, certaines avec plus d'énergie encore ; si bien que les revendications des quinze honorables députés restent comme autant d'hallucinations personnelles, en tant qu'on leur chercherait une base dans les sentiments que le 2 Décembre inspira aux populations des villes, des arrondissements et des départements dont ils se portent les vengeurs.

Ainsi, même après la demande de M. Marcou et de ses amis, la question reste entière ; leur fantaisie rancunière ne repose tout au plus que sur des griefs personnels ; et l'on peut encore rechercher comment, d'une manière générale, fut accueilli l'acte du 2 Décembre par l'opinion des provinces.

Cependant, il y a ici une distinction essentielle à faire.

Le 2 Décembre reçut, en province, deux adhésions distinctes et d'un caractère différent. La première suivit immédiatement l'acte lui-même, dès le moment où il fut connu. La seconde éclata vers le 12 décembre, après la compression de l'insurrection socialiste.

La victoire remportée sur l'Assemblée répondait au vœu exprimé par les millions de pétitionnaires. Ayant été demandée, elle était attendue; et l'opinion des départements l'avait comme imposée au courage du Prince. Par cela même, l'adhésion qui l'accueillit fut générale et spontanée.

Mais la victoire remportée sur l'insurrection socialiste, insurrection qui prit à l'improviste, terrorisa ou saccagea plus de vingt villes, fut un acte soudain et inattendu d'énergie ; elle fermait un abîme au moment même où il s'ouvrait sous les yeux de la France épouvantée ; et elle valut au prince Louis-Napoléon les témoignages d'une gratitude ardente, expansive et passionnée.

Ce fut cette victoire, terminée le 12 décembre, après huit jours d'une lutte acharnée, qui devint la vraie source d'où découlèrent et la popularité du Prince et l'irrésistible force morale de son pouvoir; comme aussi le plan de conduite que lui inspirèrent l'étude du socialisme et la recherche des moyens propres à le vaincre, furent la source d'où découla sa politique intérieure.

On a l'habitude d'expliquer le prestige personnel de Napoléon III par l'influence qu'exerçait sur les esprits la légende de Napoléon Ier. Oui, sans doute, les vieux soldats avaient rendu populaire le nom de Napoléon, et l'impérissable souvenir de ses victoires n'avait reçu aucune atteinte des malheurs de l'invasion armée de l'Europe ; oui, le pays était resté fidèlement attaché aux institutions civiles, œuvre de la nouvelle dynastie, et qui, depuis un demi-siècle, rendaient témoignage de la force créatrice du Consulat et de l'Empire ; oui, les survivants du régime éblouissant de 1800 à 1814 avaient ceint d'une éclatante auréole l'héritier d'une famille de rois, et son courage, ses malheurs, ses travaux lui avaient rendu facile, le 10 décembre 1848, le triomphe que lui donnèrent sur de médiocres rivaux six millions de suffrages. Tout cela suffisait pour assurer au président de la République une grande et brillante autorité ; mais il n'y avait pas encore dans l'ensemble de ces circonstances une force capable de créer le formidable et irrésistible torrent d'admiration et de reconnaissance qui, en huit jours, du 4 au 12 décembre, jeta la France dans ses bras, et dicta aux populations *six volumes in quarto* d'adresses enthousiastes.

La cause déterminante de cet élan, ce fut l'honneur d'avoir prévu et vaincu la prise d'armes du socialisme.

IV

LA JACQUERIE DE 1851.

La prise d'armes de 1851 ne fut pas politique. — C'était l'organisation d'une Jacquerie.—Sociétés secrètes qui l'avaient préparée. — Elle était indépendante du coup d'État. — Elle se proposait le pillage, non la liberté. — Preuves matérielles. — Organisation de ce soulèvement. — Détails. — Le prince Louis-Napoléon signale cette insurrection. — On ne veut pas croire à ces révélations. — Signal donné. — La sonnerie de la mort. — Villes envahies. — Pillages, viols, assassinats. — Légende de Martin Bidauré. — Victoire définitive de l'ordre. — Joie des populations délivrées. — Popularité du Prince, qui venait de sauver la société. — — Assassins qui se donnaient pour des hommes politiques.

Les générations actuelles, qui n'ont pas vu cette mise en œuvre d'une Commune générale, commencée et poursuivie au son du tocsin, dans vingt-huit départements, ne savent pas qu'elle eut ses ôtages, ses pillages, ses massacres ; et que, si elle fut vaincue et dispersée en huit jours, c'est qu'elle n'avait pas pour se défendre douze cents pièces de canon, les forts et l'enceinte de Paris.

Beaucoup d'esprits, superficiels ou prévenus, sont persuadés que la grande insurrection du mois de décembre 1851 fût un acte essentiellement politique, et que le sentiment général de la liberté répondit, par cette prise d'armes, au coup d'État et à la dissolution de l'Assemblée.

Cette opinion est une puérile et profonde erreur.

D'essence purement socialiste et démagogique, la prise d'armes de décembre 1851, organisée par les sociétés secrètes, à la tête desquelles figuraient alors *la Solidarité Républicaine, la Jeune Montagne* et *l'Internationale,* était prête à éclater le 15 mai 1850, c'est-à-dire plus d'un an et demi avant le 2 Décembre, lorsque l'arrestation de quelques chefs, la saisie de leurs papiers, et le procès dit de Lyon, qui en fut la suite, firent avorter le mouvement et ajournèrent l'explosion. Le coup d'État fut donc absolument étranger à l'organisation de cette insurrection, puisqu'il n'en était nullement question au mois de mai 1850, et que le prince Louis-Napoléon ne savait pas lui-même, à cette époque, s'il serait obligé d'y recourir. Et en effet, la révision de la Constitution, si la Chambre l'avait accordée aux conseils généraux qui la demandaient, aurait rendu le coup d'État inutile.

Le but de l'insurrection était si complètement étranger à la politique et même à la personne du Prince, que la prise d'armes, déconcertée par le procès de Lyon, fut ajournée par les chefs des sociétés secrètes au 22 mai 1852, jour où les pouvoirs du prince devaient prendre fin, et où l'on pouvait croire que la nomination d'un président nouveau amènerait soit des troubles, soit tout au moins un peu de désorganisation dans le gouvernement.

Il fut un moment question de prendre les armes, le 17 novembre 1851, pendant la discussion de la proposition des questeurs ; et, si l'on se décida pour le 3 et le 4 décembre, ce fut par la pensée que la lutte de Paris absorberait les efforts du gouvernement et occuperait l'armée.

Je le répète, et je vais le montrer, la prise d'armes de décembre 1851 fut exclusivement socialiste et absolument étrangère au coup d'État.

Le socialisme n'avait jamais eu, en France, l'organisation qu'il s'était donnée en 1851.

Dans plusieurs circonstances, et dans quelques Messages, pendant l'exercice de son pouvoir, le prince Louis-Napoléon avait dénoncé à l'opinion et à la Chambre les projets de la démagogie socialiste, méditant une grande prise d'armes pour le mois de mai 1852, lorsque l'expiration de ses pouvoirs et la difficulté de lui nommer un successeur parmi tant de prétendants auraient amené un affaiblissement au moins momentané de l'autorité dirigeante. Ces avertissements eurent le sort de ceux de Cassandre. Le Prince dénonçait des conspirations flagrantes; mais, comme il n'en étalait pas les preuves matérielles, on ne voulut pas y croire.

La société eut néanmoins deux occasions de s'éclairer. La première, ce fut après les élections socialistes de Paris du 10 mars 1850, lorsqu'on vit nommer députés, en tête de la liste, M. Vidal, un des chefs du socialisme militant, et M. de Flotte, un ex-insurgé de juin. La seconde, ce fut pendant le procès de Lyon, jugé par le conseil de guerre, le 28 août 1851, procès qui, sur pièces saisies et produites, amena la condamnation à la déportation de trois chefs de sociétés secrètes, Ode,

Longomazino et M. Gent, alors et encore depuis député de Vaucluse.

Ce furent là deux lueurs sinistres, mais passagères, qui glissèrent sur l'opinion publique sans l'émouvoir sérieusement. La curiosité et la passion étaient ailleurs. Elles étaient aux tribunes de l'Assemblée nationale, où, comme dans un cirque d'Espagne, des femmes oisives et des hommes blasés allaient épier le moment décisif de la lutte du général Changarnier contre le président de la République; elles étaient dans la presse, où les écrivains orléanistes, légitimistes et républicains combattaient les arguments des écrivains bonapartistes, en faveur de la révision. On se passionnait pour les thèses qui partagent, en changeant toutes les semaines, les salons de Paris. Un jour, c'était un discours de M. Thiers qui allait aux nues; le lendemain, c'était un article de M. Sacy ou de M. Louis Veuillot. Et pendant qu'on se repaissait de rhétorique, l'aliment le moins nourrissant quoique le plus en vogue, les mailles du réseau des sociétés secrètes s'étendaient, se nouaient, jusqu'à l'heure annoncée, mais dédaigneusement oubliée, où l'on se réveillerait dans le sang.

Rien d'ailleurs de mieux étudié, de mieux combiné, que cette formidable association de la démagogie socialiste. Le gouvernement du Prince en suivait attentivement les ramifications dans les rapports mensuels des chefs des parquets des vingt-six ressorts d'appel, comprenant quatre-vingt-quatre départements, divisés en cinq groupes ou régions, qui embrassaient la France entière.

Il m'a été donné d'étudier tous ces rapports, racontant,

toujours une fois, souvent deux fois par mois, l'organisation des sociétés secrètes pendant les années 1849, 1850 et 1851 ; j'en ai, en écrivant ces lignes, le contenu analytique sous les yeux, et je serais en état de citer les numéros des cotes que portaient ces diverses pièces, lorsqu'elles furent classées aux dépôts de la Chancellerie.

Il n'y a qu'un mot pour rendre l'impression qui s'en dégage : — c'était effrayant.

Il résultait de ces documents, qu'en 1851, une grande partie du pays, notamment dans le Centre, dans l'Est et dans le Midi, était couverte de sociétés secrètes ; que ces sociétés étaient affiliées les unes aux autres, et mises en rapport entre elles par des agents mystérieux, porteurs de communications ou de mots d'ordre ; qu'elles avaient pour but le renversement de la société, en France et en Europe ; enfin, que ces sociétés, divisées en sections, la plupart pourvues d'armes et de munitions de guerre, recevaient l'impulsion de comités établis à Paris, à Lyon, à Londres et en Suisse.

Ces sociétés secrètes, en nombre très considérable, portaient divers noms et avaient des formes variables. Deux, *la Solidarité Républicaine* et *la Jeune Montagne* étaient les plus importantes. En Provence et dans le ressort d'Aix, il y en avait de très nombreuses, sous le nom de *Chambrées ;* c'étaient des réunions tenues hors des villes ou des villages, dans des maisons privées, et par conséquent très difficiles à surveiller. Les sociétés secrètes du Centre et du Midi paraissaient relever du comité de Lyon, et toutes, à peu près sans exception, d'une direction suprême imprimée de Paris.

Les formes de l'affiliation variaient peu, elles avaient toutes pour sanction le serment. On trouve dans les documents un mot de passe déjà généralisé, c'est le nom de *Marianne*. On demandait à l'initié : « Connaissez-vous la mère Marianne ? » — Il devait répondre : « Elle a du bon vin. »

Le premier des projets des sociétés secrètes, tendant tous d'ailleurs à une insurrection générale, avait été de prendre pour prétexte la célèbre loi électorale du 31 mai 1850, qui proposait de restreindre notablement le suffrage universel. Diverses résolutions des comités directeurs fixèrent successivement la prise d'armes au 20, au 21, au 24 mai. Au milieu de ces tergiversations, le gouvernement fit arrêter, le 26 mai, à Béziers, les quatre directeurs des groupes insurrectionnels de l'Hérault. Tous les papiers furent saisis et donnèrent lieu à ce procès de Lyon dont j'ai parlé.

L'éclat de cette affaire jeta un grand désarroi dans les projets des sociétés secrètes ; mais ces projets n'en furent pas moins repris, avec un ajournement qui renvoyait la prise d'armes au mois de mai 1852.

Sur ce point, qui est fondamental, car il montre l'insurrection s'organisant pour 1852, en dehors de toute pensée de résister à un coup d'État éventuel, les témoignages sont concordants.

Des renseignements précis envoyés au gouvernement et venus : d'Orléans, le 4 avril ; de Lyon, le 23 avril 1851, disaient uniformément : « *Le mot d'ordre* est de *s'abstenir de toute démonstration compromettante, et d'attendre le signal.* »

Des renseignements analogues venus : de Dijon, le 8 juillet ; de Montpellier, le 8 septembre ; de Limoges, le 13 septembre 1851, disaient aussi : « *Un mot d'ordre, prescrivant de s'abstenir jusqu'en 1852, a été envoyé aux comités.* »

Une lettre de M. Joly, député de Toulouse, à son ami M. Mulé, datée de Paris le 11 mai 1851, et saisie, contenait ce passage : « *C'est seulement en 1852 que la lutte doit s'ouvrir.* »

Cependant une partie des conjurés étaient impatients. Une dépêche du général de Castellane, datée de Lyon le 12 novembre 1851, donnait ce grave renseignement: « Le comité de Nevers, directeur des sociétés du Centre, écrit au comité de Lyon *qu'on ne peut plus retenir l'élan des populations, et demande si Lyon l'appuiera.* »

Le 9 novembre 1851, une proclamation affichée, dans la nuit, à Mazamet, département du Tarn, disait : « Peuple, l'on veille pour toi, *seulement, tiens-toi prêt. L'heure de la délivrance approche.* »

Enfin, le jour même où arrivait la dépêche du général de Castellane, le 12 novembre 1851, le parquet de Saint-Étienne écrivait : « *Ordre a été donné de se tenir prêt.* Au milieu des discussions qui vont s'ouvrir au sein de l'Assemblée (on discutait la proposition des questeurs qui demandaient d'enlever la disposition de la force armée au Prince, pour la donner au président M. Dupin, lequel la déléguerait aux questeurs ou à l'un d'eux), *dès qu'une circonstance favorable se présentera, une insurrection générale pourra éclater.*

Jamais la confiance de la démagogie dans un prochain succès n'a été aussi grande. »

On le voit, la grande insurrection du 5 décembre était étrangère au coup d'État, puisqu'elle était organisée en vue d'éclater *dès qu'une circonstance favorable se présenterait*, et que la discussion de la proposition des questeurs faillit la faire éclater le 14 novembre.

Quel était, demandera-t-on sans doute, le programme des sociétés secrètes, prêtes à prendre les armes ? Elles en avaient plusieurs.

Pour les utopistes enthousiastes, aimant à faire grand, « le 13 mai 1852 devait être *le jour palingénésique des nations*, celui où le peuple frapperait son dernier coup, où la mitraille et les pavés seraient son pétitionnement. » Ainsi s'exprimait un cordonnier de Perpignan, dans une lettre au représentant Guitter, écrite le 15 juillet 1851.

Pour les petits ambitieux, trahis par la fortune, et cherchant un gagne-pain à tout prix, c'était une curée de places, précédée de l'arrestation et de la séquestration violente des fonctionnaires en exercice, ce qui eut lieu d'ailleurs dans tous les arrondissements tombés au pouvoir des insurgés.

Enfin, pour la plèbe révolutionnaire, dont les appétits avaient été excités et tenus en haleine, le programme était beaucoup plus simple : il se réduisait au pillage, comme purent s'en convaincre de leurs yeux les villes d'Auch, de Béziers, de Digne, de Forcalquier, de La Palisse, du Donjon, de Nevers, de Clamecy, de Poligny et beaucoup d'autres, devant lesquelles se présentèrent, pourvues de sacs, des bandes de deux, de quatre, de six mille hommes, attirés par l'appât d'une vaste déprédation.

Ainsi, pendant que l'agitation politique des classes supérieures, que la rivalité des partis, que les projets à peine dissimulés de substituer au gouvernement du président la dictature du général Changarnier ou celle du général Cavaignac, absorbaient l'attention de la Chambre, de la presse et de l'opinion publique, tout en bas, dans les villages, dans les campagnes, les sociétés secrètes poursuivaient leur œuvre démoniaque, organisaient leur personnel, complétaient leur approvisionnement d'armes et de munitions, attendant avec une impatience fiévreuse difficilement contenue le signal qui devait les mettre debout.

Nul ne voyait alors ce travail des termites socialistes, creusant un abîme sous la propriété, la religion, la famille; nul, si ce n'est le président de la République, qui, dans son Message du 4 novembre 1851, le signala en ces termes à l'Assemblée :

« Une conspiration démagogique s'organise en France et en Europe. Les sociétés secrètes cherchent à étendre leurs ramifications jusque dans les moindres communes. Tout ce que les partis renferment d'insensé, de violent, d'incorrigible, sans être d'accord sur les hommes ni sur les choses, s'est donné rendez-vous en 1852, non pour bâtir, mais pour renverser. Votre patriotisme et votre courage, à l'égal desquels je m'efforcerai de marcher, épargneront, je n'en doute pas, à la France les périls dont elle est menacée. »

Comment l'Assemblée répondit-elle à cette effrayante

révélation ? Par le plus complet dédain. M. Berryer, après la lecture du Message, demanda des explications sur la formation du nouveau ministère, et, deux jours après, le 6 novembre, les questeurs déposaient leur fameuse proposition, aux termes de laquelle, si elle avait été votée, M. Baze pouvait être nommé au commandement de l'armée française.

La France dérivait donc tout doucement vers l'abîme creusé pour 1852, lorsque le télégraphe du 2 Décembre apporta aux départements, non le signal qu'attendaient les sociétés secrètes, mais la réponse aux vœux des conseils généraux et de deux millions de pétitionnaires : l'Assemblée était dissoute, et le peuple était convoqué dans ses comices.

A Paris, le 2 Décembre n'avait posé qu'une seule question, essentiellement politique, celle de savoir pour qui, du président ou de l'Assemblée, la capitale se prononcerait. On sait que Paris abandonna les députés. M. Victor Hugo l'a constaté lui-même, en disant : « Le peuple recula. Nous nous retrouvâmes le 6 ce que nous étions le 2 : — Seuls ! »

En province, le 2 Décembre ne posa non plus, tout d'abord, qu'une question, la même qu'à Paris. Cette question y était résolue d'avance par les conseils généraux, organes de l'ensemble des cantons. Ils avaient demandé la révision de la Constitution et la réélection du président. Or, la dissolution de l'Assemblée et l'appel au peuple donnaient tout cela.

Donc, au point de vue politique, la province avait

gain de cause. Ses vœux étaient exaucés. Pas une ville, pas un hameau, pas une commune rurale ne réclama en faveur de l'Assemblée dissoute, et ne lui donna l'ombre d'un regret. Au reçu des dépêches, un même cri rallia les populations urbaines : l'ordre ! l'ordre ! Les autorités civiles et les autorités militaires, les gardes nationaux et les gendarmes, spontanément rapprochés, se consacrèrent à l'accomplissement du même programme : maintenir la sécurité des personnes et des propriétés, et attendre le résultat de l'appel au peuple. Plus libres dans leurs allures, les populations rurales applaudissaient à l'énergie du Prince ; et les paysans, réunis dans les marchés, parlaient de lui voter *un balai d'or*.

Tel fut, le 2 et le 3 décembre, le sentiment universel de la province sur la question politique, la seule qui fut posée ces deux jours-là.

Tout à coup, du 3 au 5, se posa inopinément la question sociale, c'est-à-dire éclata cette « *vaste conspiration démagogique* » dénoncée par le Prince le 4 novembre, à laquelle l'Assemblée nationale n'avait pas voulu croire, et qu'ignorèrent même les villes qui en étaient les foyers, jusqu'à l'heure où les tambours et les hurlements des envahisseurs les obligèrent à se défendre...

Récemment encore, je rencontrais d'anciens et braves gendarmes, vivant à la campagne de leur retraite, et élevant leurs enfants. Ils me parlaient de ces journées terribles du 4, du 5 et du 6 décembre, où ils furent appelés au secours des villes envahies. « Ce qu'il y avait de plus lugubre, me disaient-ils, c'était le tocsin, qui ne cessait pas. Toutes les églises *sonnaient à mort.* » Il y a en effet dans les campagnes une sonnerie spéciale, *le glas des morts ;* les insurgés l'avaient adoptée.

L'incendie socialiste jeta, le 3 au soir, quelques faibles lueurs, mais il ne s'alluma que le 4. C'est en effet ce jour-là, jeudi 4 décembre 1851, que des bandes recrutées dans les campagnes, dirigées presque toutes par des hommes sans notoriété personnelle, attaquèrent Poligny, Moulins, La Palisse, Béziers et Auch.

Le 5, des bandes de même nature attaquèrent Privas, Tournon, Mâcon, Clamecy, Nîmes, Cuers, Rhodez, Mirande.

Le 6, ce fut le tour de divers centres dans la Drôme, les Basses-Alpes et le Var.

Mais le trait caractéristique de toutes ces insurrections, ce fut de rester étrangères à la politique du moment. Tel fut le caractère à la fois intrinsèque et extérieur de la prise d'armes. Le drapeau politique n'y parut point. On ne cria nulle part : « Vive l'Assemblée ! » « A bas le Prince ! » On ne parla nulle part ni de M. Thiers, ni du général Changarnier, ni du général Cavaignac.

Des bandes, embauchées de longue main, accoururent du fond des campagnes, au signal donné par le tocsin ; concentrées à l'abord des villes, elles entrent tambour battant, avec le drapeau rouge, arrêtent et mettent en prison les sous-préfets, les magistrats du parquet, les maires ; attaquent, incendient les casernes, tuent les gendarmes, pillent d'abord les caisses publiques, ensuite les maisons privées, brûlent les études des notaires, saccagent les châteaux ; en quelques villes, comme Clamecy et Poligny, violent les femmes ; — et cette orgie dure jusqu'au moment où la gendarmerie ralliée, où l'armée accourue viennent y mettre fin ; mais, à la dernière heure comme à la première, de politique, pas un mot!

A Clamecy, Eugène Millelot se présente chez le receveur particulier, et demande la caisse. — De quel droit? lui répond le fonctionnaire. — Du droit révolutionnaire, qui est au bout de nos fusils. — Après quoi, Eugène Millelot écrit : « Reçu cinq mille francs, au nom du peuple français » — et il signa.

Après la défaite de l'insurrection, l'agent du Trésor recevait une restitution de 4,760 francs, avec une lettre signée *Charbonneau,* honorable banquier chargé par la famille Millelot de rendre la somme.

On traitait au grand jour, de puissance à puissance.

Cette effroyable dévastation, successivement et partiellement comprimée, ici par les gardes nationales, là par l'armée, selon la disponibilité des forces réunies, ne fut entièrement arrêtée que le 12 décembre. Paris avait envoyé des troupes au centre, Lyon, et l'est. Dans le midi, Toulon débarqua les équipages de la flotte.

C'est dans les Basses-Alpes et le Var que la Jacquerie opposa la plus longue résistance. Le fort de Sisteron et la citadelle de Seyne servirent de refuge aux autorités et aux populations. Le dernier coup fut frappé à Aups, chef-lieu de canton du Var, le 10 au matin, par le préfet du Var, M. Pastoureau; et l'armée délivra trente-cinq otages, déjà mis en chapelle, et qui avaient reçu l'ordre de se préparer à mourir.

Il est impossible d'écrire ici le nom de la ville d'Aups

et celui de M. Pastoureau, préfet du Var à cette époque, sans rectifier l'effroyable légende de Martin Bidauré, qui a défrayé pendant vingt ans la crédulité publique.

Martin Bidauré était un insurgé du Var, considéré comme le démagogue le plus dangereux du pays. La légende porte que, pris et fusillé par ordre de M. Pastoureau, mais mal fusillé et guéri, il fut repris dans la lutte, et fusillé une seconde fois, toujours par ordre de M. Pastoureau.

La légende avait acquis une telle créance, même sous l'Empire, que M. Emile Ollivier se crut obligé d'y céder, en 1870, et de frapper M. Pastoureau, alors préfet, en l'exilant préfet à Blois.

Eh bien! à l'exception de la mort tragique de ce pauvre diable de Martin Bidauré, qui fut réellement fusillé à Aups, une seule fois, bien entendu, tout est faux dans la légende à l'égard de l'ancien préfet du Gard, qui ne connut jamais Martin Bidauré, et n'eut jamais occasion de s'occuper de lui.

Voici la vérité, consignée dans une lettre authentique de M. le capitaine Erard, en retraite à Auxerre, commandant une compagnie du 50ᵉ de ligne, à Aups, le 15 décembre 1851, et qui, en vertu d'instructions verbales, directement reçues de son supérieur, M. le colonel Trauers, fit passer par les armes l'insurgé Martin Bidauré.

Après s'être signalés par des scènes atroces de meurtre et de pillage, les insurgés du Var, attaqués par une colonne mobile du 50ᵉ de ligne, partie de Toulon sous les ordres du colonel Trauers, avaient été dépostés de Cuers et de Draguignan, le 9 décembre, et ils se massèrent à

Aups, au nombre d'environ cinq mille hommes. La colonne mobile les y attaqua le 10, au matin.

En arrivant près d'Aups, la cavalerie d'avant-garde rencontra et cerna un insurgé à cheval, qui, en essayant de forcer la ligne, reçut un coup de pistolet, et tomba au bord de la route, où il fut laissé pour mort. On trouva sur lui un ordre qu'un journaliste, nommé Camille Duteil, général en chef des insurgés, envoyait à un prétendu colonel sous ses ordres, nommé Arambide, lequel passait pour un forçat libéré.

La colonne, poursuivant sa marche, battit et dispersa les insurgés, délivra les trente-cinq otages qui allaient mourir, parmi lesquels se trouvait le rédacteur en chef de l'*Union du Var*, M. Magnan, et continua le même jour sa poursuite jusqu'à Salernes.

Cependant, l'insurgé laissé pour mort, le matin, au bord de la route, n'était que blessé. Relevé par des habitants et porté à l'hôpital d'Aups, les malades et les sœurs firent les plus grandes difficultés pour l'admettre, parce qu'on venait de reconnaître en lui un exalté démagogue, qui avait fait régner la terreur dans le pays. Informé de cette résistance, le capitaine Erard, laissé à Aups pour garder la ville, le plaça sous la protection d'un gendarme et d'un soldat.

D'un autre côté, les instructions du colonel Trauers ordonnaient au capitaine Erard de faire rechercher activement l'homme laissé pour mort sur la route, sectaire de la pire espèce, qu'on nommait Martin Bidauré, et de tout faire pour s'emparer de lui. Or, la résistance des sœurs et des malades lui apprit que le blessé porté à l'hôpital était précisément l'homme qu'il cherchait.

Isolé à Aups, entouré d'insurgés qui interrompaient les communications, sans rapports avec son colonel ou avec le préfet, le capitaine Erard réfléchissait sur sa capture fortuitement opérée, lorsque dans la nuit du 13 au 14, le maire de la ville vint lui exprimer les profondes inquiétudes que la présence de Martin Bidauré, même blessé, inspirait à la population. Il lui représenta que les insurgés, reformés de nouveau, allaient se ruer sur la ville pour délivrer leur complice, et il ne doutait pas que cette invasion imminente n'amenât de nouvelles et de plus graves atrocités. Au nom des alarmes de la ville entière, le maire d'Aups requit le capitaine Erard de les conjurer à tout prix.

Celui-ci avait reçu de son colonel les instructions les plus précises et les pouvoirs les plus étendus dérivant de l'état de siège, à l'égard d'un insurgé pris les armes à la main. Il devait, pour maintenir la tranquillité et la sécurité des habitants, *user de toute son énergie, ne reculer devant aucun obstacle, et décider du sort de Martin Bidauré*, s'il parvenait à le saisir, comme un homme *de la plus dangereuse espèce*. En ces circonstances, le capitaine Erard jugea qu'il pouvait et devait faire passer son prisonnier par les armes. Martin Bidauré fut fusillé le 14 au matin.

Le prêtre qui venait de recevoir sa confession dit à M. Erard en lui livrant ce malheureux : « Capitaine, il avoue qu'il a mérité son sort. »

En écrivant ce qui précède, j'ai sous les yeux la lettre de M. le capitaine Erard, datée d'Auxerre le

31 janvier 1878, dûment légalisée, et publiée dans le *Journal de Bordeaux* du 8 avril.

Voilà la légende de Martin Bidauré. M. le préfet du Var, Pastoureau, y brille par la plus complète absence.

Donc, pas de doctrine politique dans la prise d'armes de 1851. Organisée peu à peu depuis trois ans, destinée à éclater, d'abord au mois de mai 1850, ensuite au mois de mai 1851, la dissolution de l'Assemblée fut son prétexte, non sa cause, et elle n'emprunta aucune partie de son programme aux questions du moment.

A Bédarieux, à Cuers, à Forcalquier, à Clamecy, au Donjon, à La Palisse, à Poligny, partout où l'on pilla, où l'on incendia, où l'on tua, où l'on viola, il n'y avait pas des républicains, mais des brigands; les bandes armées ne se présentaient pas aux portes des villes pour y faire prévaloir des opinions, mais pour y remplir des sacs.

Personne ne s'y trompa, ni les populations, ni la presse.

Le 10 décembre, la malheureuse ville de Poligny disait au Prince, dans une adresse : « Les scènes de désordre et de dévastation qui ont souillé notre ville, ainsi qu'un grand nombre de départements, dans les journées du 3 et du 4 de ce mois, n'étaient que le prélude de malheurs plus grands encore. »

Le 15, la ville de Nevers disait : « Les scènes de dévastation et de pillage qui viennent d'avoir lieu dans un grand nombre de départements, et même dans certaines localités de la Nièvre, n'étaient qu'un léger prélude des horribles saturnales qui, en 1852, devaient couvrir la France de ruines. »

Le 19, la ville de la Guillotière disait : « L'acte d'héroïsme du 2 décembre a contenu ces basses passions qui répandaient jusque dans le plus obscur village la terreur qu'enfante l'anarchie, et l'épouvante que le crime laisse après lui. »

Le 12 janvier, la ville de Narbonne disait : « D'abominables tentatives ont signalé les véritables ennemis de la société. Nous avons miraculeusement échappé à ces horreurs, méditées par des Vandales. Votre héroïque initiative a tout sauvé. »

Ainsi parlaient les populations, victimes ou témoins des crimes de la Jacquerie ; la presse qui osait s'élever au-dessus des partis ne tenait pas un autre langage. Le 12 décembre, M. Veuillot écrivait dans l'*Univers* :

« Il n'y a pas de réflexions à faire sur l'effroyable et immonde caractère des soulèvements qui viennent de désoler plusieurs de nos départements. Les faits seuls parlent assez haut. Le socialisme, dans ses efforts si heureusement prévenus et si courageusement comprimés, tient tout ce qu'il promettait. On sait, on voit aujourd'hui ce qu'eût été 1852. Jamais, dans les annales de la perversité humaine, rien de plus abominable n'a été rêvé. Les honnêtes gens ne se sont trompés nulle part sur ces projets monstrueux. »

Dans quelques jours, les conseils de guerre vont avoir à juger ces Jacques du dix-neuvième siècle, aussi féroces que les Jacques contemporains du roi Jean. La plupart avaient été vus ou pris les armes à la main ; beaucoup furent chassés et ramassés dans les bois, par les gardes nationales et les paysans. Ce qu'ils étaient presque tous, on vient de le voir.

Dans le nombre se trouvèrent des imprudents, des ambitieux, que la gloriole de diriger un groupe avait enivrés ; qui, interrogés individuellement, auraient reculé d'horreur devant les excès commis, s'ils les avaient prévus; mais qui, sommés de prendre le commandement à l'heure décisive, ne purent pas, ou n'osèrent pas reculer.

Moi-même, j'eus la surprise et la douleur de voir dans cette bagarre des voisins, des connaissances, des camarades de collège. Je raconterai plus loin comment ils firent appel à mon concours, et comment j'eus la bonne chance de les faire exempter de l'exil en Afrique, ou de les aider à en revenir.

Mais, à ces exceptions près, qui constituent quelques cas spéciaux, les insurgés, pris en masse, étaient bien ce que les populations les appelèrent : des brigands; et les conseils vont avoir à frapper en eux, non la République, mais le crime.

Les générations emportées par les événements successifs, sont oublieuses ; et les fourbes, à vingt-sept ans de distance, ont cent moyens de les tromper. Les débris de la Jacquerie de 1852, engagés à des degrés divers dans l'insurrection générale, sortis de prison ou revenus de l'exil, à la suite de la grande amnistie de 1859, et pensant qu'il n'y a plus en France personne qui se souvienne, ont imaginé de se poser en victimes du 2 Décembre, et de se présenter comme ayant lutté pour la liberté.

Il y en a qui demandent des récompenses pour cela. Ainsi, des journaux, oublieux ou trompés, soutenaient récemment la réclamation d'une veuve Cirasse, de Clamecy, laquelle demandait une indemnité pour la perte de son mari. Ce mari, Germain Cirasse, avait été, disait-elle, *guillotiné en 1852, pour avoir combattu la politique du brigand du 2 Décembre.*

Or, voici les états de service de ce soldat de la bonne cause. Le 5 décembre 1851, Germain Cirasse, de Clamecy, se transporta, dans la nuit, avec quelques autres, au village de Pousseaux, à une lieue environ de Clamecy, pour se faire livrer des armes ; et là, ayant fait ouvrir la maison d'un vieillard de soixante-dix-huit ans, nommé Bonneau, il le tua d'un coup de fusil, à côté de son fils.

Pour cet acte, dûment constaté, Germain Cirasse, le 5 février 1852, fut condamné à mort, *à l'unanimité*, par le 2ᵉ conseil de guerre séant à Clamecy, sous la présidence du colonel de Martimpré, du 65ᵉ de ligne.

Voilà pourquoi on a demandé une indemnité en faveur de la veuve Cirasse, dont le mari avait été un martyr de la liberté.

V

JOIE DE LA DÉLIVRANCE.

Explosion générale de joie, après la défaite de l'insurrection socialiste. — On en fait honneur à la prévoyance et au courage du Prince. — La société se sent sauvée. — Sécurité donnée aux intérêts. — Vues générales du Prince pour résister au socialisme. — Bien-être, travail, moralisation et famille.

J'ai dit que, le 12 décembre, les derniers groupes d'insurgés étaient vaincus et dispersés.

Ce que fut, après la délivrance, le soupir de soulagement qui s'exhala des poitrines, dans vingt-huit départements, la génération actuelle ne saurait le comprendre. Ceux-là seuls en auront une idée, qui se rappelleront l'impression générale produite, au mois de mai 1871, par la reprise de Paris sur les insurgés de la Commune; l'assimilation sera complète, si j'ajoute qu'en 1852 les justiciables des conseils de guerre des départements n'émurent pas plus la sympathie publique, que les justiciables des conseils de guerre de Versailles.

On était délivré! voilà le sentiment qui dominait.

C'est le sentiment profond, passionné, universel, de

cette délivrance qui fit éclater l'explosion de gratitude nationale, formulée en adresses votées par les communes, et dont le texte remplit *six volumes in-quarto*, déposés dans les bibliothèques publiques.

On y remerciait le Prince de trois choses. D'abord, d'avoir, seul, prévu et prédit l'insurrection socialiste ; ensuite, de s'être assuré, par la dissolution de l'Assemblée et la concentration du pouvoir, les moyens de la combattre ; enfin, de l'avoir vaincue, avec intrépidité et avec promptitude.

Telle fut la vraie cause du prestige du président de la République, au dedans comme au dehors. Il s'était montré prévoyant, résolu et fort.

Il assurait la sécurité aux intérêts, l'expansion au travail, la paix aux esprits, l'avenir à tous. Sûre désormais de ces biens, après trois années d'incertitudes, la France se jeta dans ses bras.

J'aurais terminé cette rapide esquisse de la Jacquerie de 1852, si je n'avais à ajouter que, de l'étude de ses éléments, le prince Louis-Napoléon fit sortir le principe de sa politique intérieure.

Prince ou Empereur, écrivain ou chef d'État, dans la captivité ou sur le trône, Napoléon III ne cessa de penser que, dans les sociétés modernes, le bien-être procuré aux peuples par leur gouvernement est la mesure de la sympathie et de l'attachement qu'ils lui portent. Il considérait l'encouragement donné au travail comme le préservatif des révolutions ; et l'aisance, comme l'antidote du socialisme.

De là naquit un vaste système, ayant pour objet de

développer le travail agricole et industriel, d'en écouler les produits; de ménager aux populations les aliments et les vêtements à meilleur compte; d'organiser des institutions facilitant l'économie et la prévoyance; de placer l'école près de l'enfant, l'asile près du vieillard, la religion près du mourant.

Alors naquirent ou se multiplièrent, pour réaliser ces plans, les concessions de chemins de fer, la navigation lointaine de l'Atlantique et de la mer des Indes, les institutions de crédit, la liberté des échanges, la transformation de Paris, les cités ouvrières, les sociétés coopératives, les asiles des convalescents, les aumôniers des dernières prières.

Les populations rurales, qui aiment le travail, s'enrichirent par ce régime; les populations urbaines, qui l'aiment moins, restèrent éprises des rêves socialistes. La campagne se donna; la ville se réserva.

L'Empereur le voyait; il n'en était pas découragé, mais chagrin; et il en parlait avec une résignation qui n'était pas sans espoir.

« Je me serai peut-être trop hâté, » me faisait-il l'honneur de me dire un jour. C'était en 1868, après la loi sur le droit de réunion, que j'avais refusé de voter. « Les ouvriers ont méconnu mes intentions. J'ai voulu leur donner les moyens de discuter leurs relations avec les patrons. Au lieu de cela, leurs réunions sont devenues des clubs. Des discoureurs exaltés les passionnent. On les dégoûte du travail, et on les pousse vers la politique. Je vois que j'ai un peu compromis le bien que je voulais faire, en le faisant prématurément. Néanmoins, c'était un essai à tenter, au moins à titre d'expérience. Lorsque le temps aura usé les liens qui rattachent encore les ouvriers aux utopies, je pourrai reprendre la question et arriver au but par d'autres chemins, s'il le faut. Le peuple des campagnes m'est resté fidèle ; il est la majorité, il a du bon sens ; et il pourra m'aider, s'il y a lieu, à ramener énergiquement à la raison ceux qui s'en écartent. »

En résumé, l'acte du 2 Décembre fut l'objet d'un immense applaudissement, à Paris comme en province, et le président de la République se trouva investi par l'opinion publique d'une dictature morale encore plus complète que celle qu'il avait reçue de l'armée.

VI

SUITE DU 2 DÉCEMBRE.

Attitude du prince Jérôme Napoléon, le 2 Décembre. — Son refus de se rendre à l'Élysée. — Il se rallie tardivement. — Sentiment de M. E. de Girardin sur le 2 Décembre. — Langage de son journal. — Délivrance de Lireux. — Lettre de M. Cavel.

La fortune, qui avait prodigué au président de la République les adhésions du commerce de Paris et des municipalités des départements, le priva de celle d'un membre important de sa famille.

Le prince Napoléon, fils du roi Jérôme, refusa de paraître à l'Élysée le 2 décembre ; mais il se rendit dans un conciliabule d'opposants, rue des Moulins, n° 10, où se trouvait M. Victor Hugo, qui y constata sa présence.

Le prince Napoléon fut d'ailleurs le seul de la famille à manifester de tels sentiments. L'attitude de tous les autres membres fut ce qu'on devait s'attendre à la trouver, c'est-à-dire correcte, affectueuse et dévouée.

Quelque temps avant le 2 Décembre, il s'était élevé entre le prince Louis-Napoléon et le roi Jérôme, alors gouverneur des Invalides, un de ces nuages comme il s'en produit quelquefois dans les familles les plus unies. Cette froideur passagère pesait au cœur du vieux roi. Il alla s'en ouvrir à M. de Maupas, sous le prétexte des bruits partout vaguement répandus d'un acte prochain d'énergie. Il lui confia l'état de ses relations un peu attiédies avec le président de la République, et ajouta que, dans le cas où la mesure dont on parlait viendrait à s'accomplir, il considérait que sa place était marquée aux côtés de son neveu, si, comme il en exprimait le vœu et il en avait l'espoir, le prince tenait son concours pour agréable.

M. de Maupas, sans s'expliquer autrement sur des éventualités auxquelles il avait été fait allusion, accepta avec empressement le soin de faire l'ouverture contenue dans le désir du roi Jérôme; et, étant allé prendre à l'Élysée les ordres du Prince, il se rendit ensuite aux Invalides, se bornant à assurer, de sa part, au frère de l'Empereur, que le passé était oublié, et qu'il comptait sur ses sentiments, dont il n'avait jamais douté. En effet, on a vu que lorsque le 2 décembre, vers midi, le président de la République alla passer la revue des troupes, le roi Jérôme faisait partie de son escorte, avec le général Ricard, son aide de camp.

Bien différente fut l'attitude du prince Napoléon, son fils.

Le Prince logeait rue d'Alger, n° 10, au-dessous de l'appartement de M. Gavini, alors comme aujourd'hui député de la Corse. Réveillé un peu avant sept heures par son domestique, et apprenant par lui que la place de la Concorde, les Champs-Élysées et les quais étaient couverts de troupes, il alla rapidement sonner chez M. Gavini ; et lui ayant raconté ce qu'il venait d'apprendre il ajouta avec quelque vivacité : « Savez-vous ce que cela signifie? »

— Non, répondit M. Gavini, je ne le sais pas, mais je le devine : C'est un coup d'État et un appel à la nation.

— Vous croyez? répliqua le Prince, de l'air d'un homme un peu déconcerté. Dans ce cas, habillez-vous promptement, et venez avec moi aux Invalides, près de mon père.

Le roi Jérôme dormait encore. Réveillé par son fils et par M. Gavini, sa première parole fut un ordre de seller son cheval et celui du général, son aide de camp, afin de se rendre à l'Élysée. Les efforts du prince Napoléon pour le détourner de son dessein ne l'arrêtèrent pas un seul instant ; et il partit en recommandant à M. Gavini de tenter les dernières instances pour amener le Prince auprès de son cousin.

Cheminant et discutant, le Prince et M. Gavini se rendirent à la rue de Marbeuf, chez M. Emile de Girardin. Arrivés sous la colonnade de l'hôtel, ils y trouvèrent Mme Delphine de Girardin, discutant avec M. Paulin Limayrac sur l'événement du jour. Le journaliste l'approuvait, Mme de Girardin l'attaquait avec violence. M. de Girardin était en haut, dans le Belvédère qui lui servait de cabinet de travail, et où j'avais eu avec lui, en 1850, la curieuse conversation que j'ai rapportée. Aux premiers mots du Prince et de M. Gavini, M. de Girardin se déclara, sans hésiter, pour le coup d'État, comme moyen logique d'amener le pays à se prononcer entre le Prince et les partis.

Ce n'est pas qu'il approuvât la politique supposée ou les desseins plus ou moins prévus du Prince ; mais l'épreuve tentée lui semblait profitable au pays, par les moyens qu'elle lui donnait de faire connaître ses sentiments. Il se disait donc disposé à appuyer l'acte du 2 Décembre dans la *Presse,* qu'il dirigeait, lorsque survint Mme de Girardin, belle et éloquente de colère, qui dissipa comme des nuages, dans cet ouragan domestique, les projets politiques de son mari. Cela n'empêcha pas la *Presse*, alors rédigée par M. Perrodeaud, auquel succéda M. Neftzer, d'appuyer le coup d'État, au nom de l'ordre et des intérêts généraux du pays, en attendant le jugement qu'en porterait le plébiscite.

Le Prince et M. Gavini reprirent leur conversation et leur course, persistant l'un et l'autre dans leurs sentiments respectifs. Comme ils passaient devant l'Élysée, M. Gavini fit de nouveaux et de vains efforts pour y entraîner le prince Napoléon. Il dut aller, seul, témoigner de son adhésion à la cause du Prince, quoiqu'il n'eût à attendre de sa démarche ni titre, ni dotation ; et ce fut seulement au bout de cinq ou six jours que M. de Persigny alla prendre, comme de force, le prince Napoléon, rue d'Alger, et l'amena déjeuner à l'Élysée, au moment où la bouderie cessait d'étonner pour commencer à choquer.

J'approche des grands faits politiques accomplis en vertu de la dictature, et je veux, avant de les aborder, liquider, comme on dit, les aventures commencées pendant l'acte du 2 Décembre. De ce nombre est celle d'Auguste Lireux, qui ne sortit de prison qu'à la fin de janvier.

J'ai déjà raconté que, pendant la journée du 3 décembre, il avait été vu tirant sur la troupe, de la terrasse d'un cercle situé au coin de la rue de Choiseul et du boulevard, cercle démoli depuis, et remplacé par l'hôtel du Crédit Lyonnais. Arrêté immédiatement, et confié jusqu'au soir à la garde d'un piquet de gendarmerie mobile, il échappa tout d'abord par son esprit aux conséquences immédiates et extrêmement graves de son imprudence, mais il fut réservé pour le conseil de guerre. Il allait subir cette redoutable épreuve, lorsqu'il fut délivré par la témérité et la verve endiablées d'un homme tel que la circonstance l'exigeait et le permettait. Cet esprit ardent et ce cœur chaud avaient nom Cavel. C'était un ancien serviteur de la reine Hortense, ami intime, commensal, et alors un peu secrétaire de M. de Persigny, ministre de l'intérieur depuis huit jours. Il fut depuis lors consul distingué et énergique dans différents postes importants. Voici le récit de cet incident, tel que M. Cavel, qui habite Bagnères-de-Bigorre, a bien voulu me l'écrire.

« Cher Monsieur Cassagnac, c'est vers la fin de janvier que, me trouvant à déjeuner au ministère de l'intérieur, avec M. de Persigny, on introduisit une commission d'hommes de lettres, composée de M. Jules Janin, de M. Ponsard, de M. Émile Augier et de M. Jules Sandeau, qui venaient réclamer la protection du ministre en faveur de Lireux, lequel, ce jour même, allait passer devant un conseil de guerre. M. de Persigny ayant répondu à la commission que l'affaire ne le concernait pas, mais bien le ministre de la guerre, je demandai à mon ami s'il m'autorisait à accompagner ces messieurs chez le général de Saint-Arnaud. Il y consentit. Nous nous rendîmes tous les cinq aux bureaux du ministère de la guerre.

« Naturellement, on nous jeta dans les jambes la procédure, la légalité, l'indépendance des conseils de guerre, *et cœtera*. Je m'impatientai, je déclarai à ces donneurs d'explications que j'étais venu au nom du ministre de l'intérieur, que je n'entendais pas être venu en vain ; qu'il me fallait M. Lireux, et à l'instant même, ou que je m'en prendrais personnellement à eux. Je me montrai si dur, si audacieux, que les bureaucrates s'en émurent, et que, le jour même, Lireux fut mis en liberté. Il l'avait échappé belle. Notez que je ne l'avais jamais vu. Le lendemain, le général de Saint-Arnaud, fort heureusement absent la veille, porta plainte à son collègue contre l'insolence inouïe de son délégué. Vous pourriez faire appel aux souvenirs des deux survivants de la commission, et leur demander s'ils avaient jamais assisté à une pareille scène.

« Six mois plus tard, Lireux ayant appris ce que j'avais fait pour lui, voulut m'en remercier. Je revenais de Civita-Vecchia. Il me donna, place des Pyramides, un banquet auquel assistèrent un grand nombre d'hommes de lettres.

« Tout à vous,

« CAYEL. »

Je n'ai qu'un mot à ajouter à l'histoire d'Auguste Lireux. On sait qu'il traitait le prince Louis-Napoléon de *Soulouque*, et que le 2 décembre au soir, il me reprocha amicalement, au *Constitutionnel*, de donner dans cette *Soulouquerie*. Un an plus tard, le 8 décembre 1852, M. Véron sortit du *Constitutionnel*, et le journal devint plus dévoué que jamais à la cause du Prince. Auguste Lireux, ayant peut-être réfléchi sur le chemin de Damas, y fit sa rentrée le 23.

VII

SOIXANTE-DIX-NEUF JOURS DE DICTATURE.

Suite de la dictature. — Ses trois phases. — Les légitimistes se rallient au prince Louis-Napoléon. — Langage de M. de Falloux et de M. de Montalembert. — Conduite remarquable de M. Louis Veuillot. — M. le comte de Chambord enraye le mouvement des légitimistes. — Il prend la direction de son parti, et le jette dans l'isolement par l'abstention. — Langage imprudent de M. de Persigny.

Le 2 Décembre fut suivi d'une dictature de soixante-dix-neuf jours, divisée en trois périodes bien distinctes.

La première, du 2 au 31 décembre, fut une dictature de fait, résultant de la prise de possession du pouvoir. Elle vint à sa fin le 31 décembre, par la publication des votes du plébiscite.

La seconde, du 1er au 14 janvier, fut une dictature légale, conférée au Prince par le peuple. Sept millions et demi de suffrages, contre six cent mille, venaient de l'autoriser à édicter cette Constitution, qui fut publiée le 14 janvier.

La troisième dictature, du 15 janvier au 20 mars, fut également légale, mais eut ce caractère particulier, d'être le résultat d'une disposition transitoire de la Constitution, par laquelle le prince s'était réservé le pouvoir, jusqu'à la création et au fonctionnement des grands pouvoirs de l'État.

La dictature générale prit fin le 20 mars 1852, jour où le Sénat, le Corps législatif et le Conseil d'État, réunis aux Tuileries, dans la salle des Maréchaux, reçurent des mains du Prince l'ensemble des divers pouvoirs que leur conférait la Constitution.

Donc, à partir de ce jour, le Prince, dépouillé de la dictature, partagea le gouvernement avec les auxiliaires constitutionnels qu'il s'était donnés; jusqu'alors, il l'avait exercé seul, et il faut faire remonter jusqu'à lui la responsabilité des solutions qu'avaient reçues des questions aussi délicates qu'importantes, dans l'exposé circonstancié desquelles je vais entrer.

Si l'on excepte quelques mesures d'ordre, telles que l'arrêté ministériel du 5 décembre, signé Fortoul, qui rendit le Panthéon au culte catholique, l'arrêté du 7, signé Morny, qui mit deux cent mille francs à la disposition d'une commission chargée de réparer les dommages et d'indemniser les familles des victimes, après les événements du 2 au 5 décembre; l'ordre donné le 16, par le ministre de l'intérieur au préfet de police, de *chasser de Paris les bandits de tous les pays qui s'y donnaient rendez-vous*, tout le mois de décembre se passa dans l'attente du plébiscite.

Des signes avant-coureurs, sur le caractère desquels il n'y avait pas à se méprendre, permettaient d'en apprécier par avance le résultat. Les innombrables adresses des communes urbaines et rurales promettaient le vote des classes populaires; l'attitude publiquement prise par M. de Falloux, par M. de Montalembert et par M. Louis Veuillot, ne laissait aucun doute sur le vote du parti légitimiste, non plus que sur celui du groupe considérable qu'on nomme le parti religieux.

Pour son compte personnel, M. de Montalembert adressait, le 12 décembre, à l'*Univers,* une lettre où étaient les paroles suivantes : « L'acte du 2 Décembre a mis en déroute tous les révolutionnaires, tous les socialistes, tous les bandits de la France et de l'Europe. En dehors de Louis-Napoléon, je ne vois que le gouffre béant du socialisme vainqueur. Mon choix est fait. »

Vers ce même moment, des bruits coururent dans la presse, d'après lesquels M. de Falloux conseillait au parti légitimiste de ne pas refuser son appui au prince Louis-Napoléon. Dans une lettre insérée au *Constitutionnel* du 16 décembre, M. de Falloux déclara, en effet, que, pour son compte personnel, *il s'abstiendrait;* mais une nouvelle déclaration de M. de Montalembert, publiée le 17 dans le même journal, contenait l'affirmation suivante : « M. de Falloux et ses amis les plus autorisés conseillent à leur parti *de ne déposer aucun vote négatif* dans le scrutin du 20 décembre. » Ces paroles étaient confirmées par M. de Montalembert, à qui M. de Falloux les avait dites, en l'autorisant à les répéter.

Enfin, M. Louis Veuillot disait dans l'*Univers*, le 19 décembre : « Le 2 Décembre est la date la plus antirévolutionnaire de notre histoire, depuis soixante ans. L'esprit de sédition, sous toutes ses formes, a éprouvé, ce jour-là, la plus humiliante défaite. »

Signe bien caractéristique ! la commune d'Augerville, placée sous l'influence immédiate de M. Berryer, envoyait au Prince, avant le vote du 20, une adresse de félicitations, portant quatre-vingt-dix signatures, sur quatre-vingt-dix électeurs.

Donc, les classes populaires, le parti légitimiste et le parti religieux, ratifièrent l'acte du 2 Décembre par un plébiscite dont voici les chiffres exacts, officiellement publiés :

En faveur du 2 Décembre. 7,439,216 oui
Contre le 2 Décembre....   649,737 non

Le parti légitimiste voulut alors former une alliance avec le parti du prince Napoléon, et il fit largement les avances. Je trouve l'expression de ces sentiments dans une lettre que m'écrivait, le 18 mars suivant, un grand propriétaire de la Nièvre, membre du conseil général, que je n'avais pas l'honneur de connaître. En voici quelques passages, qui témoigneront des dispositions du parti légitimiste à cette époque.

« Pouilly (Nièvre), 18 mars.

« Monsieur,

« J'appartiens à l'opinion légitimiste. Je n'ai pas toujours partagé vos opinions ; mais toujours j'ai estimé à sa haute valeur votre talent d'écrivain, et admiré votre courage à combattre corps à corps le socialisme, comme vous l'avez fait dans des temps de danger. Aujourd'hui, franchement rallié au Prince-Président, qui a sauvé la société du plus grand danger que pût courir une nation, je fais tout simplement, et dans le silence, une politique de bon sens...

« Il me semble que le gouvernement peut se confier avec sécurité aux ennemis de ses ennemis, aux légitimistes, qui, lorsqu'ils promettent, tiennent ; qui ont acclamé l'acte du 2 Décembre comme un acte sauveur ; qui ont porté dans la balance électorale du 20 décembre leur influence, et qui, pour faire acte éclatant d'adhésion, se sont retirés, aux élections législatives, de leurs candidatures, pour porter leurs voix sur les candidats du gouvernement...

« A. DE B***,

« Membre du Conseil général
de la Nièvre. »

Un passage de cette lettre contenait encore ceci : « M. le ministre de l'intérieur a dit au préfet de la Nièvre : « Je ne veux pas de légitimistes ». Je suis en situation de confirmer l'exactitude de ce détail. Ce fut en effet M. de Persigny qui, plus tard, prendra l'initiative de la rupture du gouvernement impérial avec le parti légitimiste et le parti religieux. Il ne tarda pas à en être aux regrets ; et j'aurai à raconter à son heure une conversation dans laquelle il m'avoua ses torts, quand il n'était plus temps de les réparer.

L'attitude prise par les chefs du parti légitimiste, l'adhésion publique donnée par eux à l'acte du 2 Décembre, la sympathie qu'ils ne dissimulaient pas pour le caractère à la fois réfléchi et résolu du Prince, les dispositions que certains d'entre eux montraient assez d'entrer dans les affaires, sous un gouvernement d'autorité, frappèrent et émurent M. le comte de Chambord, qui résolut d'enrayer ce mouvement. Il écrivit, le 27 avril, une lettre dans laquelle il conseillait aux légitimistes de refuser le serment. Le gouvernement n'autorisa d'abord pas la publication de cette lettre, et fit connaître, par un *communiqué* du 18 mai, les motifs de son refus ; mais une nouvelle lettre, celle-ci de M. le comte de La Féronnais, insérée dans le *Times* du 2 juin, rendit public le changement que M. le comte de Chambord venait d'introduire dans la direction de son parti. Cette direction avait d'abord été confiée aux cinq personnages nommés dans le manifeste de Wiesbaden, en 1850 ; puis au Comité des Douze, institué en 1851 ; M. le comte de Chambord la reprit, et jeta dès lors son parti tout entier dans l'abstention et l'isolement.

Telle fut la cause qui, jointe à la politique injustement défiante de M. de Persigny, accentua la séparation du parti légitimiste et du nouveau gouvernement de la France. Le Prince était alors et restera longtemps dans la fraîcheur de sa popularité. Son esprit ouvert et libéral cherchait partout les hommes capables. L'administration était pleine d'anciens serviteurs de la dynastie d'Orléans. Les hommes distingués, d'origine légitimiste, eussent obtenu le même accueil. C'est l'assurance que le Prince m'autorisa à donner à un vieil ami de Bordeaux, qui m'avait demandé si la jeunesse légitimiste serait certaine de voir accueillir avec franchise et avec honneur des offres de service. L'heure était peut-être propice à la réunion en un seul faisceau de toutes les forces conservatrices de la France. La fortune ne le voulut pas ainsi; mais je constatai dans un article du *Constitutionnel* signé de moi, le 19 décembre, que la proclamation de l'Empire, faite à Saint-Cloud le 1er au soir par le Sénat, n'amena, dans toute l'administration française, que la démission de *quatre-vingt-dix* légitimistes.

J'ai cru utile de conserver les souvenirs qui précèdent pour l'instruction de la génération actuelle, qui a vu les serviteurs de la dynastie de Bourbon et ceux de la dynastie d'Orléans travailler, sans doute à leur insu, de leurs mains à l'édification de la République actuelle.

VIII

LES DÉCRETS D'EXPULSION ET D'ÉLOIGNEMENT.

Expulsions, déportations et exils temporaires. — Ils furent principalement l'œuvre de M. de Morny. — Le Prince avait combattu l'arrestation des généraux. — M. de Maupas l'exigea. — Terreur de Mme Thiers. — Cause qui fit relâcher son mari. — Il n'inspirait de crainte à personne. — J'interviens auprès du Prince, en faveur de M. Victor Hugo et de M. de Rémusat. — Réponse qu'il me fait. — Mémoire qu'il me demanda.

La seconde période de la dictature vit s'accomplir deux mesures diversement considérables.

Le 9 janvier 1852 parurent trois décrets, dont le premier déportait cinq représentants, dont le second en expulsait soixante-six, et dont le troisième en éloignait temporairement dix-huit. Ces trois décrets étaient signés par M. de Morny, avec cette mention : *Le conseil des ministres entendu.*

Le 14 janvier, la constitution faite par le Prince-Président, en vertu de l'autorisation qu'il avait reçue du plébiscite, fut promulguée au *Moniteur*.

Ainsi qu'il est naturel de le penser, les mesures qui se rapportaient à des personnes étaient encore plus que les autres l'objet d'un examen attentif et sérieux.

Avant le 2 Décembre, l'arrestation des généraux Cavaignac, Changarnier, de Lamoricière, Bedeau et Le Flô fut l'objet d'une longue conférence qui eut lieu à Saint-Cloud, entre le prince Louis-Napoléon, le général de Saint-Arnaud et de Maupas.

Le Prince était et resta radicalement opposé à ces arrestations. Le général de Saint-Arnaud hésitait beaucoup. M. de Maupas les jugea absolument indispensables; et il insista à ce point, qu'il déclara décliner la responsabilité des événements et être prêt à se retirer, si les généraux n'étaient pas mis hors d'état de troubler par leur intervention les mesures projetées. Le général de Saint-Arnaud se rendit alors aux arguments du préfet de police, et le Prince, quoique resté seul contre deux, ne changea pas d'avis, mais n'empêcha plus M. de Maupas de passer outre. On avait même d'abord laissé de côté M. Thiers, comme n'offrant aucun danger.

Il avait été convenu que les généraux seraient immédiatement envoyés à Ham; mais un ordre mal donné par M. de Morny les laissa deux jours à Mazas; et c'est par suite du peu d'importance primitivement attachée à la résistance de M. Thiers, qu'il fut reconduit chez lui le lendemain. Mme Thiers et Mlle Dosne s'étaient montrées fort effrayées de la mesure, et elles se rendirent en suppliantes à la préfecture de police, où M. de Maupas les reçut dans le grand salon, avec la courtoisie qui est dans son caractère et qui leur était due. Néanmoins le trait resta profondément enfoncé dans le cœur de M. Thiers, qui ne pardonna jamais à l'Empereur, ni à ceux qu'il supposait avoir été ses conseillers ou ses complices.

Les trois décrets du 9 janvier eurent pour principaux promoteurs M. de Morny, qui les proposa, et M. de Maupas, qui les appuya. En offrant de les signer, M. de Morny demanda et obtint que sa signature fût précédée de la mention *le conseil des ministres entendu*. M. Rouher, dont j'ai consulté les souvenirs, m'a confirmé ce que le Prince m'avait dit à ce sujet, à savoir que ces décrets étaient une mesure provisoire d'ordre public, destinée à prendre fin aussitôt que l'établissement d'un gouvernement régulier aurait rassuré et calmé les esprits.

Dès les premiers jours de janvier, j'avais reçu une vague confidence du projet, à raison de l'invitation qui devait m'être faite de l'expliquer dans le *Constitutionnel*, lorsque la mesure aurait été réalisée. Je m'en ouvris au Prince, dont je connaissais la bonté et qui permettait à ses fidèles serviteurs de lui soumettre leurs vues, sauf à ne leur dire de ses desseins que la part qu'il voulait bien ne pas leur en laisser ignorer.

Je lui parlai surtout de deux hommes, auxquels j'avais porté une longue et vive affection, M. Victor Hugo et M. de Rémusat. Le Prince me laissa dire, et lorsque j'eus fini, il me répondit : « Vous êtes bien heureux de pouvoir faire de la politique avec votre cœur ; moi, qui réponds du repos de la France, je suis obligé d'en faire avec mon devoir. Lorsque la France sera pleinement pacifiée, je serai peut-être plus clément que vous. Rien n'est encore définitivement arrêté. En attendant, préparez-moi, dès demain, un petit mémoire, rapidement esquissé, contenant les précédents des mesures analogues, prises par les gouvernements réguliers qui m'ont précédé, depuis le Directoire. »

Naturellement, j'obtempérai au désir du Prince, et je lui apportai le petit mémoire. Qu'est-il devenu ? Fut-il consulté ? Je l'ignore ; mais le lecteur me pardonnera, je l'espère, d'en rappeler ici les traits principaux, et parce que l'article que je publiai à ce sujet, le 14 janvier, dans le *Constitutionnel*, est conçu à un point de vue plus général et plus élevé, et parce que l'esquisse des précédents mettra la mesure dans son vrai jour. Voici donc ce qui formait le fond de mon petit mémoire :

IX

MON PETIT MÉMOIRE.

Mon *mémoire* sur les abus de la dictature, sous les régimes précédents.—Exils prononcés par le Directoire, au 18 Fructidor. — Rigueurs de Napoléon Ier envers Mme de Staël et Mme Récamier.— Haine puérile de Mme de Staël contre le premier consul. — Causes ridicules de cette haine. — Décrets d'amnistie du 12 mars 1815. — Exceptions à cette amnistie. — Rigueurs de la Restauration. — Ordonnances du 24 juillet 1815. — Exils et persécutions. — Je remets mon mémoire au Prince.

« Le Directoire, qui fut le premier essai régulier du régime républicain en France, eut recours, en pleine paix, le 18 fructidor an V, — 4 septembre 1797, — à une mesure violente et extra-légale. Trois membres du gouvernement, Barras, La Réveillière-Lépaux et Rewbell, sous le prétexte que leurs deux autres collègues, Carnot et Barthélemy, conspiraient en faveur des Bourbons, firent envelopper par les troupes du général Augereau les salles où siégeaient les deux Conseils, et imposèrent par la terreur deux lois de déportation et d'exil.

« La première, du 19 fructidor, frappa de déportation Carnot, Barthélemy, onze membres du Conseil des Anciens, quarante membres du Conseil des Cinq Cents et douze autres personnes.

« La seconde loi, du 22 fructidor, frappa d'exil les rédacteurs, les propriétaires et les imprimeurs de *trente-quatre* journaux, s'élevant environ à deux cents personnes.

« Carnot s'échappa, mais Pichegru et Barthélemy furent envoyés à Cayenne, sur les bords du Sinnamari.

« Voilà la part du régime républicain fonctionnant régulièrement dans la pratique des lois d'exil et de déportation.

« L'Empire n'eut à se reprocher, en ce genre, que ses rigueurs bénignes et peut-être inutiles envers Mme de Staël et Mme Récamier, et les treize exceptions faites au décret d'amnistie du 12 mars 1815, au retour de l'Ile-d'Elbe.

« Étrangère par son père, qui était Suisse, et par son mari, qui était Suédois, Mme de Staël fit grand bruit d'un prétendu *exil*, qui n'était que l'application naturelle des lois contre les étrangers, lorsqu'ils troublent le gouvernement du pays où ils résident. Ne pouvant aimer d'une affection filiale la France, qui n'était pas sa patrie, elle aimait Paris, et dans Paris, son salon, où, selon l'usage des époques oisives, vivre s'appelait converser ! Dans un accès de lyrisme pour le dix-huitième siècle, M. Arsène Houssaye s'écrie : « Quelle grande époque, on soupait ! » La conversation avait été pour Mme de Staël ce que le souper semble être resté pour l'auteur du *Roi Voltaire* ; elle avoue que l'idée de ne pouvoir *converser* à Paris, lui faisait perdre la raison !

« Elle détestait Bonaparte, au point d'avoir écrit qu'elle *souhaita qu'il fût vaincu* à Marengo, et que, par lui, *la France eût des revers*. Esprit égoïste et un peu frivole, elle faisait un sérieux grief à ce soldat de génie, absorbé par le soin de réorganiser la France et de contenir l'Europe féodale, d'avoir, chef d'un pays *réputé galant*, manqué d'égards envers Mme Récamier, *la plus jolie femme de France*, et de l'avoir privée elle-même du paisible *exercice des talents personnels qu'elle se flattait d'avoir!* Voilà la source de sa haine contre Napoléon ; il échappait à son empire !

« Épave d'une société évanouie et morte d'une hystérie de bavardage, elle s'irritait de ne pouvoir maintenir dans un monde occupé la tyrannie de la conversation, et elle s'en vengeait en la poussant chez elle jusqu'à la plus folle puérilité : « Après dîner, dit-elle, nous avions imaginé de nous placer autour d'une table verte, et de nous écrire, au lieu de causer ensemble. Nous étions impatientes de sortir de table, où nous nous parlions, pour venir nous écrire. »

« C'est pour soustraire les nouvelles institutions de la France à l'effet de ce prurit de dénigrement, dialogué ou épistolaire, que l'Empereur obligea Mme de Staël à aller tenir son salon, d'abord à dix, ensuite à quarante lieues de Paris, à moins qu'elle ne préférât le laisser chez elle, au château de Coppet, près de Genève. C'est ce qu'elle appela son *exil*. Elle écrivit, en tête de son manuscrit : *Dix années d'exil*, et sa famille maintint plus tard le titre, parce que c'était un compte rond et à effet. La vérité est que le récit de cet *exil* ne comprend que *quatre années*, y compris le temps passé à Mortfontaine, chez le roi Joseph, à Saint-Brice, chez Mme Récamier, au château de Chaumont-sur-Loire, à Coppet, et les voyages à Rome, à Berlin, à Vienne, à Saint-Pétersbourg et à Stockholm.

« Il serait impossible aujourd'hui d'apprécier avec exactitude les raisons pratiques pour lesquelles l'Empereur voulut mettre son gouvernement hors de la portée du salon de Mme de Staël ; à moins de répéter ce qu'il dit à Sainte-Hélène, « que les salons sont les clubs de l'aristocratie » ; mais quand on lit les *Dix années d'exil*, ou les *Considérations sur la Révolution française*, écrits ternes, lourds, un peu hommasses, où l'on trouve le stylet de l'ennemi, sans y trouver le style de la femme, on cherche en vain à reconstruire, à l'aide de ces écrits, l'esprit alerte, fin, primesautier, attribué par les contemporains à la conversation de l'auteur de *Corinne*, et l'on se surprend à regretter la rigueur déployée contre son salon, à moins qu'il ne fût beaucoup plus séduisant et plus dangereux que ses livres.

« Les événements de 1814 mirent à l'épreuve bien des âmes, et l'Empereur, revenant de l'île d'Elbe, eut à constater de nombreuses défections. Cependant, son esprit s'éleva au-dessus des sentiments d'une étroite vengeance; et, sous la réserve d'un petit nombre de personnages, grands ouvriers de machinations politiques, il rendit à Lyon, le 12 mars 1815, un décret d'amnistie en deux articles, ainsi conçu :

« Art. 1er. — Amnistie pleine et entière est accordée : 1° aux fonctionnaires civils et militaires qui, par des intelligences ou une connivence coupable avec l'étranger, l'ont appelé en France, et ont secondé ses projets d'envahissement ; 2° à ceux qui ont tramé ou favorisé le renversement des constitutions de l'Empire, ou du trône impérial.

« Art. 2. — Sont exceptés de ladite amnistie, les sieurs :

Lynch,	De Vitrolles,
De La Rochejacquelein,	Alexis de Noailles,
Duc de Raguse,	Prince de Bénévent,
Sosthène de La Rochefou-cauld,	Comte de Beurnonville,
	Comte de Jaucourt,
Bourrienne,	Duc de Dalberg,
Bellart,	Abbé de Montesquiou.

« Le fidèle duc de Bassano, encore plus calme que l'Empereur, refusa de contre-signer ces exceptions. Il obtint de l'Empereur que le décret fût daté de Lyon, où il n'était pas allé à cette époque, et il ne consentit encore à y apposer sa signature que *pour ampliation*.

« La Restauration fut moins clémente ; et Mme de Staël, elle était juste, dut trouver que l'Empereur avait montré envers ses ennemis des rigueurs moins excessives que celles dont Louis XVIII, par ses deux ordonnances royales du 24 juillet 1815, frappa les personnages les plus illustres et les plus considérables de l'Empire.

« La première de ces ordonnances édictait l'exclusion de la Chambre des pairs, contre les vingt-neuf illustrations dont les noms suivent.

« Art. 1er. — Ne font plus partie de la Chambre des pairs, les dénommés ci-après :

Le comte Clément de Riz,	Le comte Dejean,
Le comte Colchen,	Le comte Fabre de l'Aude,

Le comte Cornudet,
Le comte d'Aboville,
Le maréchal duc de Dantzick,
Le comte de Croy,
Le comte Dedeley d'Agier,
Le maréchal duc d'Elchingen,
Le maréchal duc d'Albuféra,
Le maréchal duc de Conégliano,
Le maréchal duc de Trévise,
Le comte de Barral, archevêque de Tours,
Le comte Gassendi,
Le comte Lacépède,
Le comte de Latour-Maubourg,
Le duc de Praslin,
Le duc de Plaisance,
Le comte Boissy-d'Anglas,
Le duc de Cadore,
Le comte de Canclaux,
Le comte de Casabianca,
Le comte de Montesquiou,
Le comte de Pontécoulant,
Le comte Rampon,
Le comte de Ségur,
Le comte de Valence,
Le comte Belliard.

Signé : Louis.

Par ordre :

Signé : Prince de Talleyrand.

« La seconde ordonnance, insérée dans le même numéro de la *Gazette officielle* du 24 juillet, à la suite de la première, était beaucoup plus grave, car elle livrait dix-neuf maréchaux ou généraux aux conseils de guerre, et frappait d'internement ou d'exil, trente-huit personnages politiques.

« En voici la teneur :

« Art. 1ᵉʳ. — Les généraux et officiers qui ont trahi le roi, avant le 23 mars, ou qui ont attaqué la France et le gouvernement à main armée, et ceux qui par violence se sont emparés du pouvoir, seront arrêtés et traduits devant les conseils de guerre compétents, dans leurs divisions respectives, savoir :

Ney,
La Bédoyère,
Drouet d'Erlon,
Lefebvre-Desnouettes,
Ameille,
Brayer,
Gilly,
Mouton-Duvernet,
Grouchy,
Les deux frères Lallemand,
Clausel,
Laborde,
Debelle,
Bertrand,
Drouot,
Cambronne,
La Valette, Rovigo.

« Art. 2. — Les INDIVIDUS dont les noms suivent, savoir :

Soult,
Alix,
Excelmans,
Bassano,
Marbot,
Félix Lepelletier,
Boulay de la Meurthe,
Méhée,
Fressinet,
Thibaudeau,
Carnot,
Vandamme,
Lamarque (général),
Lobau,
Harel,
Pommereuil,
Arrighi de Padoue,
Dejean fils,
Garran,
Réal,
Bouvier Dumolard,
Merlin de Douai,
Durbach,
Dirat,
Defermont,
Bory Saint-Vincent,
Félix Desportes,
Garnier de Saintes,
Mellinet,
Hullin,

Piré,
Barrère,
Arnault,
Régnauld de Saint-Jean-
   d'Angély,

Cluys,
Courtin,
Forbin Jeanson fils aîné,
Le Lorgne d'Ideville.

« Sortiront dans trois jours de la ville de Paris et se retireront dans l'intérieur de la France, dans les lieux que notre ministre de la police générale leur indiquera, et où ils resteront sous sa surveillance, en attendant que les Chambres statuent sur ceux d'entre eux qui devront sortir du royaume, ou être livrés à la poursuite des tribunaux.

« Seront sur-le-champ arrêtés ceux qui ne se rendraient pas aux lieux qui leur seront assignés par notre ministre de la police générale.

« Art. 3. — Les INDIVIDUS qui seront condamnés à sortir du royaume auront la faculté de vendre leurs biens et propriétés dans le délai d'un an, d'en disposer, et d'en transporter le produit hors de France.

Signé : Louis.

Par le roi :

Le ministre secrétaire d'État de la police générale,

Signé : Duc d'Otrante.

« Ce ne fut pas encore la fin des rigueurs de la Restauration. La loi dite d'amnistie, du 14 janvier 1816, accorda au roi la faculté d'exiler les trente-huit personnages compris dans l'article 2 de l'ordonnance du

4.

24 juillet, bannit tous les conventionnels qui, ayant voté la mort de Louis XVI, avaient accepté des fonctions pendant les Cent jours, et livra aux commissions militaires les dix-neuf officiers généraux, portés dans l'article 1er.

« Dans ce nombre, huit furent condamnés à mort, et quatre exécutés : Ney, La Bédoyère, Lallemand et Mouton-Duvernet. Rovigo, Lavalette, Bertrand, Drouet-d'Erlon, furent contumaces ou s'échappèrent ; Grouchy, Clauzel et Laborde furent bannis. »

X

LES EXILÉS.

Persécutions et exils, sous la République actuelle. — M. Pinard et M. Sensier arrêtés à Lyon. — M. Rouher arrêté à Boulogne. — Mon fils aîné, prisonnier en Allemagne, et rentrant comme soldat, est arrêté à la frontière. — M. Thiers me fait arrêter, à ma rentrée dans mon canton, où la population venait de me faire un accueil touchant. — Il m'envoie en prison à Auch, sous prétexte de me protéger. — Il m'exile en Espagne, où il m'envoie par la gendarmerie. — La ville de Plaisance me rappelle, et me nomme maire, à *l'unanimité*. — Paul, mon fils aîné, est nommé maire de Couloumé. — L'opinion nous venge du gouvernement. — Les exilés de l'Empire.

Tels étaient les éléments du petit mémoire que je remis au Prince. Ils montraient que tous les gouvernements, et surtout la République directoriale et la Restauration, avaient cru nécessaire à leur établissement de suspendre la liberté individuelle.

Je puis ajouter aujourd'hui que la République actuelle, même à l'époque où elle n'avait pas encore d'existence constitutionnelle, recourut aussi, en 1871, au même procédé. M. Pinard, ancien ministre, M. Sensier, ancien préfet, furent incarcérés à Lyon. M. Rouher, arrêté à

Boulogne, à la suite d'une émeute factice, fut reconduit en Belgique. Paul, mon fils aîné, prisonnier à Sedan, et rentrant de captivité, fut arrêté à Nice. Mon sort fut plus étrange, car le bouffon s'y mêla à l'odieux.

Rentrant dans ma famille, et reçu près de ma gare par une députation des communes du canton portant des drapeaux, je traversai la ville de Plaisance sous trois arcs de triomphe, dont l'un avait été pavoisé par les mères de famille du quartier. Le lendemain, M. Thiers, averti de ma rentrée, me fit arrêter dans mon lit, et m'envoya à quatre-vingts kilomètres de chez moi, à la prison d'Auch, où je fus écroué. Sentant la responsabilité attachée à ces mesures, le libéral M. Thiers déclara, à la tribune, qu'il m'avait fait mettre en état d'arrestation pour me soustraire aux dangers que faisaient courir à ma vie les haines de la population.

Voilà pour le bouffon. Voici l'odieux ; M. Thiers ajouta : « qu'on avait cru que la présence simultanée de mon fils et de moi *n'était point étrangère aux événements qui se passaient alors à Paris,* » c'est-à-dire à l'insurrection de la Commune qui venait d'éclater ! Mon fils et moi, deux communards ! Seule, l'imagination de M. Thiers pouvait faire de tels rêves.

Dans son discours relatif à M. Rouher, à mon fils et à moi, M. Thiers s'était écrié : « J'ai été proscrit, je ne proscrirai pas ! » Lorsqu'il parlait ainsi, j'étais depuis huit jours en Espagne, dans la province de Guipuscoa, où il m'avait fait conduire par un maréchal des logis de gendarmerie. M'ayant fait arrêter sans motif, il me fit lâcher de même, après huit jours de geôle, « malgré le mauvais effet que devait produire mon élargissement, vu l'excitation des passions ». Or, voici la vérité :

Au bout d'un mois de séjour en Espagne, mon canton m'envoya une députation pour m'inviter à rentrer, en disant que la ville, — c'était à l'époque du renouvellement des conseils, — voulait me nommer maire. Je rentrai *sans autorisation,* et je fus nommé maire de Plaisance, A L'UNANIMITÉ, le jour où mon fils était nommé A L'UNANIMITÉ maire du Couloumé. M. Thiers, orateur aussi exact que fidèle historien, n'en avait pas moins dit à la tribune « qu'il y avait le plus grand danger pour nous deux à paraître sur le territoire français. »

Le premier des trois décrets du 9 janvier 1852 était relatif aux personnes *qui avaient pris part aux insurrections récentes,* et contenait les noms de cinq représentants. C'étaient MM. Marc-Dufraisse, Greppo, Miot, Mathé et Richard, désignés pour être déportés à la Guyane.

Le second s'appliquait aux chefs connus du socialisme, en France, et contenait les noms de soixante-six représentants, contre lesquels il prononçait l'expulsion. Voici les plus connus : MM. Edouard Valentin, Jean Colfavru, Charles Gambon, Charles Lagrange, Victor Hugo, Schœlcher, de Flotte, Joigneaux, Esquiros, Raspail, Bourzat, Dupont de Bussac, Jules Leroux, Mathieu de la Drôme, Charras, Testelin, Théodore Bac, Joly.

Le troisième décret avait trait à un certain nombre d'hommes politiques, qui s'étaient signalés par leur exaltation, et frappait d'un éloignement temporaire de France : MM. Duvergier de Hauranne, Creton, de Lamoricière,

Changarnier, Baze, Le Flô, Bedeau, Thiers, Chambolle, de Rémusat, Jules de Lasteyrie, Emile de Girardin, le général Laidet, Pascal Duprat, Edgar Quinet, Anthony Thouret, Victor Chauffour, Versigny.

Un décret du 8 août suivant autorisa la rentrée en France de MM. Creton, Duvergier de Hauranne, Chambolle, Thiers, de Rémusat, Jules de Lasteyrie, général Laidet et Antony Thouret, et releva de l'exil sept représentants, dont M. Théodore Bac et M. Joly.

Un peu plus tard, tous purent rentrer, en prêtant serment d'obéissance à la Constitution et de fidélité à l'Empereur ; et, une amnistie générale et finale ayant fait disparaître la condition du serment, il ne resta plus à l'étranger que ceux qui se vouèrent volontairement à l'exil. On sait que ce fut le cas de M. Victor Hugo. Il en avait pris l'engagement avec lui-même, dans ce vers bien connu :

Et s'il n'en reste qu'un, je serai celui-là.

Triste dénombrement, lamentables listes que toutes celles qui précèdent ! La société française est pourtant en possession d'un principe qui, loyalement obéi, rendrait les réactions politiques aussi inutiles qu'odieuses. Ce principe, c'est le suffrage universel, devant lequel toute ambition comme toute rancune devrait se taire, lorsqu'il a parlé librement !

XI

LA CLÉMENCE ET LES COMMISSIONS MIXTES.

Les insurgés de juin et le général Cavaignac. — Le prince Louis-Napoléon gracie les derniers prisonniers.—Clémence du Prince envers les prisonniers de 1851. — Les commissions mixtes. — Leur composition. — Leur mandat. — Elles sont chargées d'une mission de clémence. — Commission de trois membres pour étendre encore les mesures de libération et de grâce. — Le général Canrobert, le colonel Espinasse, M. Quentin-Bauchart. — Mission qu'ils acceptent. — Libérations qu'ils prononcent.

La dureté de cœur avec laquelle avaient été traités les prisonniers faits pendant l'insurrection de juin 1848, avait vivement choqué le cœur ferme, intrépide, mais bon du prince Louis-Napoléon. L'Assemblée constituante avait rendu contre eux, dans la séance permanente du 27, un décret de transportation en masse, et sans jugement. Ils étaient au nombre de *quinze mille*. Après avoir accepté ce redoutable pouvoir, le général Cavaignac eut peur et horreur de l'exercer; et un triage sommaire, exécuté après la victoire, en fit mettre presque immédiatement 6,000 en liberté. Huit commissions militaires, fonctionnant sans désemparer, en élargissaient

6,000 autres, le 9 juillet. Il y en avait encore 3,000, qui, en vertu du décret, et sans jugement, furent envoyés à Cherbourg et à Brest, sur des pontons, à la réserve de 255, qui furent renvoyés devant des conseils de guerre.

Il en restait ainsi 2,745. Sur ce nombre, des *commissions de clémence*, instituées par le général Cavaignac en relâchèrent 994, le 25 septembre, et 822 un peu plus tard.

Lorsque le prince Louis-Napoléon fut élu président, le 10 décembre, il trouva encore 951 insurgés de juin dans les pontons. Il les gracia tous successivement, à l'exception de 468 voleurs ou assassins, déjà frappés par la justice, et devant lesquels la clémence dut reculer.

Cette conduite envers les insurgés de juin 1848, rendra simple et naturelle celle qu'il va tenir envers les insurgés démagogues et socialistes de la grande Jacquerie de décembre 1851.

Les prisons de l'Est, du Centre et du Midi étaient pleines ; mais les populations enthousiastes et reconnaissantes venaient de lui donner le pouvoir suprême, par sept millions et demi de suffrages ; il était vainqueur de l'insurrection et acclamé par la France, et il eut naturellement la pensée des bons et des forts ; il ne songea qu'au pardon, supprima les rigueurs nécessaires, écouta la pitié, après avoir obéi à la justice ; telle fut sa politique à l'égard des vaincus, dans la lutte formidable engagée contre la société.

Toutes les autorités, l'administration, les parquets, les commissions militaires avaient procédé, ensemble ou séparément, à une sorte d'inspection ou d'examen sommaire des prisonniers. Comme, en général, l'insurrection avait eu lieu par centres distincts, le personnel insurgé avait été fourni par les communes environnantes, et il était individuellement connu des maires, des gendarmes, des juges de paix, comme des propriétaires de la région. Le triage fut donc exécuté rapidement, et d'après des données certaines ; si bien que, vers la fin de janvier, les diverses catégories des prisonniers se trouvaient déjà assez clairement dessinées.

Par ordre du Prince, M. de Persigny, ministre de l'intérieur, adressa, le 29 janvier, aux préfets, une circulaire qui leur ordonnait de mettre immédiatement en liberté tous les prisonniers qui n'avaient été *qu'égarés* ou *entraînés*. C'était de beaucoup le plus grand nombre, surtout parmi les insurgés des communes rurales, où il avait suffi de trois ou de quatre meneurs bruyants et ambitieux, pour entraîner les natures faibles et moutonnières. Cette première mesure vida plus qu'à moitié les prisons, et il ne resta plus que des individus contre lesquels étaient articulées des accusations précises.

En cet état de choses intervint la seconde manifestation de la clémence du Prince, sous la forme des commissions instituées, par le décret du 3 février, dans tous les départements troublés par les insurgés, et qu'on appela MIXTES, parce qu'elles étaient formées par les représentants de l'autorité administrative, de l'autorité judiciaire et de l'autorité militaire, c'est-à-dire par le préfet, le procureur général et le général commandant la subdivision.

C'étaient des *commissions de clémence*, comme celles qu'avait instituées le général Cavaignac, avec cet avantage de venir après une première instruction, suivie de grâces nombreuses, accordées par les préfets, au nom du Prince, et d'être composées de trois hommes qui, par leur situation, leurs lumières, leur caractère, offraient toutes les garanties désirables de discernement et d'impartialité.

Ces commissions MIXTES, choisies en quelque sorte sur place, au milieu des inculpés, sur le théâtre même où s'étaient passés les faits, furent investies de leurs fonctions par une circulaire qu'avaient délibérée en commun les trois ministres de l'intérieur, de la justice et de la guerre, avec la mission de mettre, dans le plus *bref délai possible*, un terme *à une situation qui ne pouvait se prolonger davantage*, et de concilier *les intérêts de la justice, de la sûreté générale et de l'humanité*. Tout devait être terminé, au plus tard, *à la fin du mois de février*.

Entourées de tous les documents d'instruction, provenant des autorités judiciaires, administratives ou militaires, jusqu'alors chargées d'informer, les commissions mixtes ne pouvaient condamner et ne condamnèrent personne ni à la mort, ni aux travaux forcés, ni à la réclusion, ni à l'emprisonnement. La plus forte peine qu'elles pussent appliquer, la transportation à Cayenne, ne pouvait être infligée qu'à des insurgés, étant déjà repris de justice. Le renvoi devant un conseil de guerre ne pouvait être prononcé que contre un accusé *convaincu de meurtre ;* et la décision à intervenir devait être prise à l'unanimité, et signée des trois commissaires.

Ce que les commissions mixtes ajoutèrent, par un examen fait de plus près, à l'œuvre de clémence accomplie par les préfets, on le conçoit sans peine, d'autant plus que l'objet de leur œuvre était d'aller à la miséricorde et non à la sévérité.

Toutefois, le Prince trouva que ce n'était pas encore assez. Il nomma trois personnes éminentes, M. le général Canrobert, M. le colonel Espinasse et M. Quentin-Bauchart, ancien membre de l'Assemblée constituante et conseiller d'État, commissaires spéciaux, avec la mission de se rendre dans tous les départements où siégeaient les commissions mixtes, d'en réviser discrétionnairement, en leur âme et conscience, les décisions, de gracier immédiatement ceux qu'ils croiraient dignes d'indulgence, et de maintenir, quand il y avait lieu, les peines prononcées, mais sans avoir le droit d'y rien ajouter.

Les trois commissaires furent reçus par le garde des sceaux, M. Abbatucci, et voici leurs instructions, telles que je les tiens de la bouche de M. le maréchal Canrobert :

« Révisez, selon votre conscience, les décisions des commissions mixtes, et étendez la clémence du chef de l'État aussi loin qu'elle pourra être portée, sans compromettre la sécurité publique. » M. le général Canrobert reprit et résuma ainsi la même idée, en disant : « J'accepte ma mission, en tant qu'elle me donne le droit de délier et ne me donne pas le droit de lier. »

XII

L'ŒUVRE DES COMMISSIONS MIXTES.

Départements visités par le général Canrobert. — Départements visités par le colonel Espinasse. — Départements visités par M. Quentin-Bauchart. — Les populations se montrent hostiles à la clémence du Prince. — Nombre des mises en liberté. — Condamnés dont j'obtiens la grâce. — Retour à l'esprit d'ordre d'un insurgé, entraîné par les circonstances. — Je le fais nommer juge de paix. — Honorabilité de sa conduite. — Jugement faux de M. Martel sur les commissions mixtes.

Les départements à visiter furent partagés en trois zones.

M. le général Canrobert eut : le Loiret, le Cher, le Loir-et-Cher, la Nièvre, l'Allier, le Puy-de-Dôme et la Haute-Vienne.

Au colonel Espinasse échurent : l'Indre-et-Loire, la Vienne, les Deux-Sèvres, la Gironde, le Lot-et-Garonne, la Haute-Garonne, le Gers, l'Hérault, les Pyrénées-Orientales.

M. Quentin-Bauchart visita Saône-et-Loire, la Drôme, Vaucluse, le Rhône, l'Ardèche, le Gard, les Bouches-du-Rhône, le Var, les Basses-Alpes, l'Ain, le Jura et le Doubs.

Chose qui peut, au premier abord, ne pas sembler croyable, mais qui est écrite en toutes lettres dans les rapports des trois commissaires : la *clémence inconsidérée* du Prince avait produit *une mauvaise impression* sur l'esprit des populations. Elles le trouvaient trop miséricordieux. M. le maréchal Canrobert me l'a affirmé ; M. Quentin-Bauchart me l'a écrit ; et le rapport de M. le colonel Espinasse en contient l'énergique confirmation.

Voici le lamentable résumé de cette grande crise sociale :

M. le général Canrobert, sur 4,076 condamnés, ne put accorder que 727 libérations.

M. le colonel Espinasse, sur 4,009 condamnations, ne crut pouvoir prononcer que 100 commutations de peine et 200 grâces entières.

M. Quentin-Bauchart eut à examiner 3,020 dossiers. Il prononça :

1,377 mises en liberté ; 1,047 commutations ; c'est-à-dire 2,424 grâces partielles ou complètes.

Il se vit forcé de maintenir 1,596 condamnations.

Mais le Prince persista dans ce qu'on appelait sa *clémence inconsidérée*. « Six semaines après ma mission, m'a écrit M. Quentin-Bauchart, on fit une nouvelle fournée de grâces ; et avant qu'il se fût écoulé quatre mois, le Prince signa une amnistie générale. »

Cette amnistie pleine et entière fut accordée le 9 décembre, à la seule condition de se soumettre au gouvernement établi par la volonté nationale. Dès ce jour, il n'y eut plus que des exilés volontaires, protestant contre le suffrage universel.

Les grâces individuelles, accordées sur l'intervention de relations ou d'amitiés, s'étaient multipliées. A la demande pressante de mon bon curé du Couloumé, cet énergique abbé Bonnet, devenu célèbre, l'an dernier, par sa lutte soutenue avec succès, à quatre-vingts ans, contre deux assassins, j'eus la bonne chance de faire revenir d'Afrique quatre égarés, appartenant aux villes de Beaumarchez et de Bassoues; quelques bourgeois imprudents d'Auch me durent le même bon office, ainsi qu'un camarade d'école de Vic-Fézensac; mais je fis, grâce à l'inépuisable bonté du Prince, une conquête qui prouve ce que peuvent devenir les hommes les plus intelligents et les meilleurs, sous la pression des mauvais courants politiques.

La ville de Mirande avait été envahie et occupée le 5 décembre par les forces insurrectionnelles d'une vingtaine de communes environnantes. Le sous-préfet, M. Crabias, fut blessé et mis en prison, avec les magistrats et les gendarmes, et la ville resta au pouvoir de ses nouveaux maîtres pendant trois jours. Les abords de la ville ayant été barricadés, les insurgés avaient résisté à de la cavalerie envoyée contre eux; mais deux nouvelles arrivèrent qui changèrent la face des choses. Auch, attaqué le même jour par des masses considérables, les avait repoussées, grâce au courage d'un magistrat, M. Saint-Luc Courborieu, procureur de la République, et à l'audace du colonel Courby de Cognord, chargeant quatre ou cinq mille personnes à la tête de cinquante hussards. Auch délivré, la prise de Mirande n'avait plus de sens pour les insurgés; et, par surcroît, la nouvelle de la défense d'Auch arriva avec celle de l'approche d'un détachement d'infanterie et d'une demi-batterie d'artillerie, venant de Toulouse. Là-dessus les vainqueurs détalèrent dans la nuit.

Naturellement, la justice eut son tour, et les chefs des insurgés vinrent prendre, dans la geôle, la place du sous-préfet et des magistrats. Or, un jour, je reçus une longue lettre de l'un de ces prisonniers.

Je ne le connaissais pas personnellement ; mais je le savais intelligent, instruit, actif, honnête, très influent ; et j'ai des raisons de supposer que je ne calomnie pas l'un de mes collègues actuels à la députation du Gers, en restant persuadé que c'est lui qui l'avait affilé à l'Internationale.

Donc, ce chef m'écrivit pour m'avouer franchement son erreur, m'exposer ses regrets, et il me donnait sa parole d'honneur de réparer sa faute en concourant au maintien de l'ordre, s'il était mis en liberté. Sa lettre était empreinte d'un tel caractère de franchise, que je n'hésitai pas. J'obtins immédiatement un ordre de mise en liberté, que je fis expédier par le télégraphe.

Il tint parole. Bon propriétaire, et très aimé de sa ville, il fut nommé membre du conseil général, et j'obtins pour lui la mairie du chef-lieu, qu'il administra à l'applaudissement public. Plus tard, je racontai son histoire à M. Baroche, alors garde des sceaux, et je demandai pour cet ancien insurgé la place de juge de paix, dans ce même canton qu'il avait conduit à l'assaut de Mirande. Il fut nommé, et jamais la ville de M... n'en eut de meilleur et de plus respecté. Il est mort en possession de sa toge, et justement environné de la confiance publique.

Ainsi s'effacèrent les dernières traces de la formidable insurrection socialiste de 1851. Il y eut beaucoup de criminels, encore plus d'égarés. La clémence inépuisable du Prince en ramena beaucoup. Les préfets, les commissions mixtes, les trois commissaires dont j'ai résumé l'œuvre, furent les agents dévoués de la pitié et de la justice ; et si les préjugés les plus aveugles et l'ignorance la plus complète des faits n'oblitéraient pas le bon sens, M. Martel, ancien garde des sceaux, aurait honoré autant qu'il a outragé les magistrats mêlés aux commissions mixtes, parmi lesquels figura, comme procureur général, dans la commission mixte du Gard, un frère de M. Thourel, aujourd'hui député républicain des Basses-Alpes.

XIII

LE PRINCE M'EXPLIQUE L'ESPRIT DE SA CONSTITUTION.

Les principes de la constitution impériale étaient depuis longtemps arrêtés dans l'esprit du Prince. — Ses idées sur l'organisation du gouvernement. — Il veut la direction, pour le chef de l'Etat, en laissant aux assemblées délibérantes le contrôle. — Sa critique du régime parlementaire. — Son dédain des fictions constitutionnelles. — Ses idées sur la presse. — Il n'admet pas qu'elle soit plus forte que le gouvernement.

La Constitution était, depuis bien des années, la préoccupation constante du prince Louis-Napoléon. Il avait l'intuition certaine et l'attente confiante de sa grandeur future; et un esprit aussi activement songeur que le sien ne pouvait cesser d'étudier les conditions de ce pouvoir suprême, qu'il savait lui être réservé.

De l'autorité politique générale, il faisait deux parts bien distinctes : — le choix du régime, qu'il abandonnait au peuple; et son organisation, qu'il se réservait.

Ce furent là deux points fondamentaux, toujours bien arrêtés dans son esprit.

Fidèle à la tradition de sa famille, il voulait que le

choix de son gouvernement et de sa personne vint du peuple, par voie de plébiscite; mais il entendait se réserver l'organisme et l'économie des institutions. C'est pour cela que, dans son adresse aux Français, du 2 Décembre, il demanda au peuple l'autorisation de faire lui-même la Constitution, en lui donnant pour base un Conseil d'État chargé de préparer les lois, un Sénat, et une Chambre élue pour les examiner et les voter.

On conçoit que, dans les nombreux entretiens amenés par ma collaboration de journaliste, l'occasion dut se présenter bien souvent pour moi de pressentir respectueusement le Prince sur l'organisation de ce futur gouvernement impérial, dont nous ne doutions ni l'un ni l'autre. Dès le premier jour, je le trouvai absolument cabré contre le régime parlementaire, dont il signalait le vice fondamental avec un irrésistible bon sens.

« Savez-vous, me disait-il, rien de plus absurde que cette fiction constitutionnelle, en vertu de laquelle il est déclaré que la personne du roi est inviolable et sacrée, et que les ministres seuls sont responsables? Or, qu'arrive-t-il en réalité, dans les grandes crises politiques? Il arrive invariablement que le roi, inviolable et sacré, est mis à la porte, et que les ministres, seuls responsables, après s'être dérobés pendant quelques mois, se promènent dans Paris la canne à la main.

« L'inviolabilité de Charles X, l'empêcha-t-elle d'être exilé, avec toute sa famille, et d'aller s'éteindre à Goritz, tandis que M. de Polignac est mort tranquille et respecté à Saint-Germain?

« L'inviolabilité de Louis-Philippe l'empêcha-t-elle

d'être jeté hors de France, ainsi que tous les siens, tandis que M. Guizot, cause ou prétexte de sa chute, reçoit toute la société de Paris, dans son petit hôtel de la rue de la Ville-l'Évêque ?

« Ainsi, on établit un roi, sans doute parce qu'il est investi de la confiance publique ; mais à peine est-il sur le trône, qu'on se hâte, en vertu du principe parlementaire, de lui retirer le pouvoir dirigeant et de le transporter dans une Assemblée dont il n'est pas le maître ; qui peut proposer des lois malgré lui ; dans les groupes divers et variables de laquelle il est forcé de prendre ses ministres, quelquefois parmi ses ennemis personnels si bien que ce pauvre roi, immobile et passif sur le pont du navire, tandis que d'autres tiennent le gouvernail et commandent la manœuvre, voit venir le naufrage, qu'il ne peut empêcher, n'étant maître de rien, puisque la règle parlementaire le condamne à *régner*, d'une manière idéale, lorsque le corps électif *gouverne* d'une manière effective ; et cependant, lorsque le navire se brise sur l'écueil, c'est lui qui paie pour tous !

« Ils vous citent l'exemple de l'Angleterre, heureuse et forte avec le régime parlementaire ; mais on oublie qu'en Angleterre le régime parlementaire n'est pas le résultat d'un texte de constitution, mais le résultat des mœurs, des habitudes, des traditions, d'une nature nationale spéciale ; de l'existence d'une aristocratie territoriale et de corporations municipales, fondées sur des lois civiles anciennes et des coutumes invétérées. Pour être gouverné comme les Anglais, il faudrait commencer par être Anglais.

« Je ne donnerai pas dans ces fictions, qui affaiblissent et discréditent l'autorité, au profit des ambitions et des intrigues. Si la France me charge de gouverner, je gouvernerai effectivement. Trois grands corps, le Conseil d'État et le Sénat, choisis par moi; le Corps législatif, choisi par le suffrage universel, m'éclaireront de leurs libres conseils; ils auront l'examen, la délibération, le contrôle, mais je garderai la direction. Je gouvernerai!

« Les ministres dépendront de moi, non des Chambres, où ils ne paraîtront pas. Ils resteront individuellement mes collaborateurs, mes organes; il y aura un conseil de l'Empereur, non un conseil des ministres; et suivant la juste expression employée depuis Louis XIII, ils seront des *secrétaires d'État*. »

Tels étaient les principes, puisés dans la tradition napoléonienne, qu'il se proposait de donner pour base à son futur gouvernement.

Plus tard, après le 2 Décembre, lorsque l'heure de la Constitution approchait, je saisis la première occasion favorable pour pressentir l'opinion du Prince, sur le régime de la presse.

Le Prince était essentiellement journaliste, il aimait donc la presse, dont il avait usé et dont il usait largement. Son esprit cherchait à concilier une convenance et une nécessité, toutes les deux importantes : la convenance, c'était une sérieuse et loyale faculté de discussion, laissée aux journalistes; la nécessité, c'était un frein à trouver, pour arrêter les abus de la liberté d'écrire sur les matières de politique et de gouvernement.

En Angleterre, le frein est dans les mœurs; en

France, la vivacité des luttes entre les partisans des régimes successivement renversés, avait habitué le journalisme à des témérités qui ne pouvaient plus être de saison, si l'on tenait, et l'on y tenait absolument, à l'apaisement des esprits, et au respect du principe de la souveraineté nationale.

« Vous concevez, me disait le Prince, que je ne puis pas raisonnablement accorder aux journalistes plus de privilèges que n'en auront les conseillers d'État, les sénateurs et les députés. L'initiative des propositions de loi viendra de moi ; les grands corps de l'État les examineront librement, et en prononceront l'adoption ou le rejet ; mais ni le Corps législatif, ni le Sénat ne pourront mettre en délibération des matières, des questions, dont je ne les aurai pas saisis.

« Cela étant, le bon sens s'oppose à ce que de simples particuliers, propriétaires ou rédacteurs de journaux, aient plus de pouvoirs que les législateurs eux-mêmes, et qu'ils saisissent directement l'opinion publique de projets dont l'initiative sera interdite aux Corps constitués. Si je souffrais, sous la Constitution nouvelle, les libres allures du journalisme, le principe d'autorité et de direction n'appartiendrait plus au chef de l'État. Ce n'est pas moi qui gouvernerais, ce serait la presse.

« D'ailleurs vous connaîtrez bientôt le principe de ma législation à ce sujet. Pas de censure préalable ; les journaux, laissés à eux-mêmes, seront leurs propres censeurs ; ils diront tout ce qu'ils voudront ; seulement, je leur attacherai à chacun une petite ficelle à la patte. Quand ils iront trop loin, je tirerai la ficelle, et ils sauront qu'après un certain nombre de secousses, la dernière sera assez forte pour les faire tomber sur le nez. »

Le Prince ne s'expliqua pas plus clairement sur ce sujet, et j'aurai à dire un peu plus loin comment et par qui fut trouvé le système du décret du 17 février 1852, sur le régime de la presse.

XIV

VICES DU RÉGIME PARLEMENTAIRE. — LOI SUR LA PRESSE.

Développement et application des principes qui précèdent. — Délibérations dans lesquelles la Constitution est discutée. — Personnages qui y assistent. — Etude de la loi sur la presse. — M. Baroche propose la censure. — Le Prince la repousse. — On veut que la presse soit à la fois libre et modérée. — Solution proposée par M. Rouher. — Elle est adoptée. — Amendement de M. de Persigny. — M. Rouher rédige la Constitution.

C'est dans une série de séances, qui commencèrent à l'Elysée peu de jours après le 2 Décembre, que fut préparée la Constitution. M. Troplong, M. Mesnard, M. Rouher, M. le comte de Flahaut assistaient à ces conférences et en élaborèrent les résultats, sous la présidence du prince. M. Rouher tenait la plume, et notait les points arrêtés.

La première idée qui prévalut, ce fut celle qui constituait le principe même du gouvernement; on donna au chef de l'Etat la direction; l'on réserva aux Chambres le contrôle.

Seul, le Prince devait proposer et promulguer les lois, lorsque, après la préparation du Conseil d'Etat, le

Corps Législatif les avait votées, et que le Sénat ne les avait pas trouvées contraires à l'esprit ou au texte de la Contitution.

Ce système de gouvernement donnait au chef de l'État l'initiative, l'unité d'action, la liberté de mouvement et de direction qu'il avait eues sous l'ancienne monarchie ; mais il lui imposait par l'examen, par la discussion, par le contrôle d'un Corps Législatif élu, la modération et le frein que ne réprésentaient pas avec une efficacité suffisante les anciens parlements, dont l'action était intermittente, et dont l'autorité manquait de sanction morale, puisqu'elle ne procédait pas de la volonté des populations, directement consultées.

Pendant qu'on délibère librement partout, au conseil de la commune, au conseil de l'arrondissement, au conseil du département, au Conseil d'État, au conseil des ministres, dans les enceintes législatives, le système de la Constitution nouvelle réservait une sphère où la pensée dirigeante pouvait se recueillir, s'éclairer, se déterminer mûrement, sans crainte d'être violentée par l'intervention inopinée, inopportune ou hostile d'une volonté extérieure : cette retraite inviolable, ce sanctuaire du pouvoir souverain, c'était le cabinet du Prince gardé et clos par la Constitution.

Sous un régime parlementaire, les plans les plus sages du gouvernement peuvent être désorganisés, à toute heure, par les propositions et les systèmes procédant de l'initiative des députés, soit qu'ils agissent individuellement, soit qu'ils agissent par groupes ; dans le système inauguré en 1804, et repris en 1852, la direction était une, et les Chambres qui délibéraient sur toutes les lois, n'avaient pas le droit d'en proposer une seule.

Cette concentration du pouvoir dirigeant, qui caractérisait la Constitution de 1804, contribua beaucoup à l'apaisement de la société sortie des agitations du Directoire : on pouvait se promettre les mêmes effets de celle de 1852, après les troubles et les ébranlements produits par la chute de Louis-Philippe et le régime de la République de 1848.

Il n'y avait pas dans l'ancienne Constitution impériale des précédents et des règles qui pussent être raisonnablement appliqués au régime de la presse, telle que l'ont faite les besoins et les usages de la société moderne.

Par les informations qu'il donne, tous les matins, sur les affaires du monde entier ; par les relations qu'il établit entre le commerce, l'industrie, la navigation, les producteurs et consommateurs de denrées ou d'objets fabriqués de tout genre ; par les simples nouvelles qu'il propage sur les personnes, sur les choses, et qui, à des degrés divers, intéressent le gouvernement et les familles, le journal est devenu un aliment indispensable de l'activité humaine, dans les sociétés modernes.

Mais, d'un autre côté, par sa propagation indéfinie, et par l'action morale qu'il exerce toujours, à la longue, sur l'esprit des lecteurs, le journal est devenu un agent politique puissant, au point d'être souvent le rival et quelquefois le maître des pouvoirs publics. Pour un gouvernement qui se fonde, la législation sur la presse mérite donc les plus sérieuses réflexions, au point de vue de l'action politique que les journaux peuvent exercer.

C'est bien en vain que la Constitution de 1852 aurait réservé au chef de l'État l'initiative, et aux Chambres le contrôle, si la presse périodique, maîtresse absolue de ses mouvements, avait pu s'approprier ces deux pouvoirs, et faire des journalistes, c'est-à-dire de personnes privées et sans investiture publique, les véritables gouvernants de la France.

Il s'agissait donc, en faisant la Constitution de 1852, d'organiser un régime de presse périodique qui, en laissant aux journaux la liberté absolue des informations en tous genres, enfermât dans de justes limites leur action politique et ne fît pas d'eux les rivaux ou les maîtres des pouvoirs établis.

Le principe et la mesure d'une telle législation étaient difficiles à trouver, surtout pour le prince Louis-Napoléon, qui aimait la presse, et qui la savait défendue par les habitudes de la société.

Toujours ouvert aux conseils, il se laissa d'abord persuader par des juristes qu'il fallait réunir, coordonner et codifier toutes les lois sur la presse, en rapprocher et en coudre les lambeaux, et tirer de ce chaos une règle pour diriger ou au moins pour contenir le journalisme. Il chargea de ce travail de codification M. Rouher qui s'en défendit tout d'abord comme d'une tentative impuissante, les moyens qui n'avaient pas maîtrisé la presse dans le passé ne lui paraissant pas offrir de plus sérieuses garanties pour l'avenir. Néanmoins, il se rendit aux désirs du Prince, lui remit le travail et lui dit : « Voilà, Monseigneur, la besogne que vous m'avez demandée. Si vous me permettez d'y ajouter un conseil, c'est après l'avoir parcourue, de la jeter au feu. » Le Prince réfléchit, et invita M. Rouher, qui avait quitté le ministère le 22 janvier, à venir prendre part aux délibérations du conseil, où la question devait être débattue.

Le but était imposé par la Constitution ; il fallait empêcher la presse de rivaliser, dans les matières politiques, avec les pouvoirs publics. Les fins à atteindre semblaient donc imposer les moyens, et M. Baroche, esprit pratique et résolu, proposa nettement la censure dans les matières politiques. M. Rouher la combattit, et le Prince ne l'accueillit pas. Le conseil fut ajourné, avec invitation faite à ses membres de chercher la solution qui se dérobait.

Ce fut M. Rouher qui imagina la combinaison à l'aide de laquelle les rédacteurs en chef des journaux, tout en restant absolument maîtres de tout dire, furent constitués leurs propres censeurs, sous la pénalité d'avertissements successifs, dont le troisième entraînait la suspension du journal. De cette manière, rien n'était censuré, quoique tout fût surveillé par les écrivains eux-mêmes ; car la sécurité du journal devenait le frein à l'aide duquel était contenue la témérité du journaliste.

Lorsque, le lendemain, M. Rouher ayant rencontré M. Baroche au Conseil d'État, lui eut proposé la combinaison, celui-ci l'adopta avec enthousiasme, et embrassa son auteur. Une liberté raisonnable, décente, s'arrêtant à la limite même de la Constitution, et dont les journaux eux-mêmes se trouvaient les juges, était maintenue, et les excès de la presse étaient conjurés.

Le conseil et le Prince adoptèrent le régime des avertissements, qui fut consacré par le décret du 17 février 1852.

Quelques jours après sa promulgation, un journaliste célèbre, M. Armand Bertin, dînait chez M%%me%% la comtesse Le H... On parla du nouveau régime de la presse, et l'on demanda au rédacteur en chef du *Journal des Débats* ce qu'il en pensait. « On peut dire ce qu'on voudra du décret, répondit-il, excepté que son auteur est une bête. Ce décret me constitue surveillant des écarts de mon propre journal, et fait de moi un fonctionnaire gratuit, chargé d'empêcher les attaques contre la Constitution, et de maintenir l'ordre au profit du gouvernement. On peut rechercher si le système est efficace ; mais on ne peut nier qu'il ne soit habile. »

M. de Persigny proposa et fit admettre dans le décret une disposition que sanctionna l'opinion publique, c'était l'interdiction de la publicité donnée aux procès, en matière de séparation de corps.

Sous un régime parlementaire, où la direction des affaires et la marche du gouvernement appartiennent aux majorités délibérantes, c'est-à-dire à l'opinion extérieure, mobile comme elles, la libre initiative de la presse est dans la logique des institutions. Au contraire, lorsque s'établit un régime autoritaire, où la direction est placée aux mains du chef de l'État, la presse peut être sagement investie d'un contrôle sur la marche du gouvernement ; mais elle ne saurait raisonnablement prétendre à partager l'action initiatrice, constitutionnellement dévolue au chef de l'État. Un souverain porté sur le pavois représente le pays : le plus grand journaliste ne représente que lui-même.

J'ai dit que la Constitution avait été élaborée, pendant le mois de décembre, dans une série de conférences qui eurent lieu à l'Élysée, sous la présidence du Prince ; et que M. Rouher, chargé de tenir la plume, avait consigné les points successivement adoptés dans une sorte de procès-verbal, résumant les travaux de chaque séance.

Le 10 janvier, le Prince, qui était à ses heures méthodique et ponctuel, pria M. Rouher de porter au conseil du 11 la rédaction complète et définitive. M. Rouher se défendit, comme d'une témérité, d'un engagement semblable, un travail aussi considérable exigeant au moins vingt-quatre heures franches. Il ne les obtint pas, et il dut céder aux instances affectueuses du Prince. S'étant retiré dans son cabinet après son dîner, il travailla sans désemparer la plus grande partie de la nuit, et à trois heures du matin, la Constitution était finie. Il la porta au Prince dans la matinée. Elle fut lue au conseil, adoptée, et envoyée au *Moniteur* immédiatement. On sait qu'elle fut promulguée le 12. Elle eût donc été immédiatement exécutoire, et fût devenue la règle du gouvernement, si des dispositions transitoires, proposées par M. Rouher, n'avaient réservé au Prince l'autorité dictatoriale, jusqu'à l'organisation des trois grands pouvoirs qu'elle établissait.

Voilà donc M. Rouher prenant une part active et plus importante dans la confiance du Prince et dans le gouvernement nouveau. Au mois de septembre 1851, nous l'avons vu initié, à Saint-Cloud, aux desseins secrets du président de la République, et préparant les mesures éventuelles que pourrait imposer une rupture ouverte avec l'Assemblée. Pendant la lutte qu'amène le 2 Décembre, nous le trouvons en permanence, au ministère de l'intérieur, avec ses collègues qui attendent avec confiance l'heure où le peuple se prononcera. En vue du plébiscite, dont le résultat ne pouvait être incertain, il prépare la future Constitution, et il la rédige. C'est encore lui qui la complète par la combinaison qui servira de base au régime de la presse, et il fait prévaloir les mesures transitoires qui ajournent l'application des lois constitutionnelles, jusqu'à l'heure où elles pourront régulièrement fonctionner avec le concours des grands pouvoirs de l'État.

Le moment me semble donc venu de faire connaître son origine politique, les circonstances qui le firent entrer dans la sphère d'action du Prince, la nature et le caractère du concours qu'il lui apporta.

XV

M. ROUHER.

Attaches impérialistes de M. Rouher. — Le colonel de Boutarel. — La Bédoyère, au château de Pontgibaud. — Avocat à Riom en 1848, M. Rouher devient député à l'Assemblée nationale. — M. de Morny le fait entrer au ministère. — Il répond de lui au prince Louis-Napoléon. — Il s'oppose aux décrets relatifs aux biens de la famille d'Orléans. — Ses motifs pour ne pas les approuver.

M. Eugène Rouher avait par sa famille des attaches impérialistes. C'est au château de Pontgibaud, chez M. le colonel de Boutarel, aide de camp du prince Eugène et ancien gouverneur du palais de Monza, que se réfugia le colonel de La Bédoyère, après l'ordonnance royale du 24 juillet 1815, dont l'article 1er le traduisait devant un Conseil de guerre, avec le maréchal Ney, les frères Lallemand et quinze autres officiers généraux, complices de son dévouement à Napoléon, pendant la campagne des Cent-Jours. Protégé par l'isolement de cette retraite, La Bédoyère y serait resté oublié jusqu'à la fin de l'orage, si sa téméraire confiance ne lui avait prématurément fait quitter sa retraite, où le gardaient de fidèles amitiés.

La révolution de Février trouva M. Rouher avocat à la cour de Riom et déjà assez connu, à l'âge de trente-quatre ans, pour être envoyé par ses compatriotes à l'Assemblée constituante. Il était sans engagements avec les partis : et comme la nature l'avait fait laborieux, et que le travail avait orné son esprit, assoupli et anobli sa parole, il conquit parmi ses collègues le rôle respecté d'un homme que ne surprennent ni les questions, ni les événements.

C'est par M. de Morny que M. Eugène Rouher fut poussé aux affaires et élevé au pouvoir.

M. de Morny était déjà député du Puy-de-Dôme, sous le gouvernement de juillet ; et, par ses relations du monde, il appartenait aux doctrines et au personnel orléanistes. Il avait un caractère plein d'élévation et de finesse, et mettait, comme je l'ai déjà dit, un grand courage au service d'une grande ambition.

Tant que dura le règne de Louis-Philippe, M. de Morny ne chercha pas à se rapprocher du prince Louis-Napoléon, malgré les raisons qu'il avait de le faire. La tentative de Strasbourg parut avoir glissé sur son esprit, et l'arrêt de la Cour des pairs, qui suivit celle de Boulogne, ne lui suggéra l'idée d'aucun pèlerinage à Ham. Après la révolution de Février, il se sentit isolé dans une république où sa nature et ses goûts ne pouvaient trouver leur place, et il cherchait de l'esprit et du regard un appui pour la société et pour lui-même, lorsque l'élection du 10 décembre lui montra le point fixe, dont il avait comme désespéré.

Bien supérieur en bon sens à M. Thiers, à M. Molé, à

M. Berryer, à M. Odilon Barrot, qui ne crurent pas à l'étoile du prince Louis-Napoléon, il y crut, lui, dès la première heure, et sa résolution, dès cet instant, fut de contribuer à consolider ce pouvoir naissant, dans lequel il voyait poindre l'aurore d'un ordre et d'un régime nouveaux.

Il fallait un trait d'union entre lui et ce Prince, qu'il avait trop négligé. Des relations du monde le lui donnèrent ; ce fut le comte Bacciocchi, cousin du président, duquel il n'hésita pas à se rapprocher.

Il y avait alors, à côté et à droite de l'Élysée, un vieil hôtel appelé l'hôtel Castellane, démoli depuis, et dont les terrains ont servi à bâtir les communs du Palais et à ouvrir la rue de l'Élysée. Le comte Bacciocchi habitait dans cet hôtel, avec M. de Persigny ; M. Auguste Chevalier y avait ses bureaux, M. Mocquard son cabinet ; c'était comme un centre, où les amis du Prince se réunissaient quelquefois et où ils venaient tenir leurs assises familières. M. de Morny y vint d'abord visiter M. Bacciocchi ; et c'est en pratiquant cette petite porte qu'il ne tarda pas à se faire ouvrir la grande. Dès qu'il fut connu du Prince, il en fut goûté ; et il ne fut pas longtemps à conquérir une action sérieuse sur son esprit.

M. de Morny avait, pour trait de caractère, le goût de se créer une clientèle d'amis, qu'il fortifiait de son influence, et qui, par leur action personnelle, ajoutaient à la sienne. Il avait d'ailleurs le soin de les choisir, non seulement dévoués, mais encore distingués. C'est ainsi qu'il parvint à dominer le Corps législatif jusqu'à sa mort. Il y avait formé un groupe d'environ douze collègues qui, à un moment donné, parcouraient silencieusement les bancs, et y faisaient prévaloir sa pensée. En entrant à l'Assemblée constituante, il y avait porté son système, entraînant dans sa sphère d'action ses collègues du Puy-de-Dôme, parmi lesquels son instinct lui en avait révélé deux diversement distingués, M. Rouher et M. de Parieu. Il les avait particulièrement connus, surtout M. Rouher, pendant les luttes électorales de la fin du gouvernement de Juillet.

L'occasion de les produire ne se fit pas trop attendre. En arrivant à la présidence, le prince Louis-Napoléon avait appelé aux affaires un cabinet de confusion parlementaire, sous la présidence de M. Odilon Barrot, et allant de M. Bixio, républicain, à M. de Falloux, légitimiste, en passant bientôt par M. Dufaure. Ce ministère dura onze mois. Le Prince était moins son chef que son prisonnier; et les ministres étaient plutôt ses rivaux que ses collaborateurs. Le 30 octobre 1849, le prince secoua le joug, et forma un cabinet dont les vues étaient en conformité avec les siennes.

C'est dans ce cabinet du 30 octobre que M. de Morny fit entrer M. de Parieu et M. Rouher, et ce dernier sans même le prévenir. « Prenez de confiance mon jeune collègue, dit-il au Prince; confiez-lui le ministère de la justice. Je le connais assez pour répondre de lui. Vous ne tarderez pas à m'en remercier. » Ainsi fut-il fait; et M. Eugène Rouher se trouva garde des sceaux à trente-cinq ans, et sans le savoir. Il l'apprit à la Chambre, d'un collègue qui en apportait le bruit du dehors.

Rentré à son domicile, et demandant à son concierge

s'il n'y avait rien pour lui. « Non, monsieur, répondit-il ; ah ! si ! voilà une lettre venue ce matin, et que j'avais oubliée. » C'était sa commission de garde des sceaux, avec une convocation pour le nouveau Conseil des ministres.

Parti en hâte pour s'excuser, M. Rouher arriva à temps pour délibérer. C'est lui qui trouva la phrase caractéristique de ce message si retentissant, où le Prince disait, au sujet de M. Odilon Barrot : « Au lieu d'opérer une fusion de nuances, je n'ai obtenu qu'une neutralisation de forces » ; par où l'on voit qu'en entrant, même à l'improviste, dans la politique du Prince, le nouveau ministre en avait trouvé immédiatement et exactement la formule.

Quoique toute d'une pièce, et composée par égales moitiés de dévouement et de talent, la carrière de M. Rouher se présente néanmoins comme divisée en deux périodes, qu'on pourrait appeler la période des grands services et la période des grands succès. La première comprend son œuvre générale des réformes économiques, comprenant les intérêts de l'industrie, de l'agriculture et des transports ; la seconde embrasse ses longues luttes oratoires, lorsque la mort prématurée de M. Billault lui imposa la tâche difficile de le remplacer, dans le rôle de ministre d'État. Pendant la première, il se montra grand ministre ; pendant la seconde, il se révéla grand orateur. J'aurai à reprendre et à caractériser ces deux périodes, lorsqu'elles viendront à leur lieu et à leur date, dans ces *Souvenirs*.

Néanmoins, j'ai cru nécessaire d'introduire, dès à

présent, dans la trame de mon récit, et crayonnés en traits généraux, l'origine politique et le rôle de M. Rouher, et de le montrer travaillant à la mise en œuvre de la Constitution, après l'avoir préparée et rédigée ; d'autant plus qu'il va disparaître temporairement de la scène ministérielle, écarté par la plus rude secousse qu'eût encore osé imprimer aux esprits le président de la République, pendant sa dictature : le 22 janvier 1852 parurent en effet les deux décrets relatifs aux biens de la maison d'Orléans.

Le premier de ces deux décrets, conforme à la loi qui avait été portée, le 12 janvier 1816, par le gouvernement de la Restauration contre la famille impériale, et à la loi qui avait été rendue, le 10 avril 1832, par le gouvernement du roi Louis-Philippe, contre la branche ainée des Bourbons, obligeait les membres de la famille d'Orléans à vendre, dans le délai d'un an, les biens immeubles qu'elle possédait en France, le prix leur en étant d'ailleurs réservé.

Le second décret, conforme à la proposition faite par M. Jules Favre à l'Assemblée constituante, le 5 juillet 1848, déclarait acquis au Trésor les biens compris dans la donation faite, le 7 août 1830, par Louis-Philippe à ses enfants, donation que M. Jules Favre et le décret considéraient comme faite en fraude des droits de l'État, et en violation du principe antique de dévolution, qui réunissait au domaine public les biens personnels de tout prince arrivant à la couronne.

Cette grave mesure, qui souleva de vives résistances autour du président de la République, amena la sortie du cabinet de M. Fould, de M. Rouher et de M. Magne. M. de Morny en sortit aussi ; mais j'ai déjà expliqué la circonstance spéciale qui avait été le motif déterminant de sa retraite.

La sortie de M. de Morny du ministère, où il ne rentra jamais, me fournit l'occasion, que je ne trouverais peut-être plus, de raconter une anecdote que m'a écrite M. Cavel, l'énergique libérateur d'Auguste Lireux :

« Deux ou trois jours après que M. de Persigny eut pris possession du ministère de l'intérieur, et comme je lui ouvrais et lui mettais en ordre ses lettres, j'en trouvai une de M. de Morny, où, entre autres choses, il lui disait : « Mon cher ami, agissons sans façon. J'ai un habit de grand uniforme, que je n'ai pas mis. Nous sommes de la même taille. Ne pourriez-vous pas vous en arranger ? »

De l'offre de l'habit, M. Cavel concluait que M. de Morny n'était peut-être pas encore bien millionnaire. J'aime mieux y voir la répugnance d'un esprit délicat à livrer au fripier un bel habit neuf, dont l'amitié lui permettait un emploi à peu près naturel et beaucoup plus digne. Cependant, M. de Persigny appela son tailleur et se fit prendre mesure.

XVI

DÉCRET DU 22 JANVIER 1852 SUR LES BIENS DE LA FAMILLE D'ORLÉANS.

Décrets du 22 janvier 1852. — C'est M. de Persigny qui les inspire. — Jurisconsultes qui les délibèrent et qui en approuvent les principes. — MM. Rouher, Fould, Ducos, Magne et de Maupas les combattent. — Ils ne sont pas la vraie cause de la sortie de M. de Morny du ministère. — Dislocation du cabinet le 20 janvier 1852.

Si, en écrivant ces *Souvenirs,* j'avais la pensée de composer à proprement parler un livre d'histoire, je me trouverais en présence d'une question difficile et délicate, car, en mentionnant ces décrets, j'aurais à les juger. Ma tâche est plus simple et plus aisée, car je ne fais ici qu'œuvre de chroniqueur ; je n'ai donc pas l'obligation de juger les décrets, je veux me borner à les raconter.

J'ai su les causes qui les produisirent, j'ai vu les circonstances qui les accompagnèrent, j'ai été personnellement mêlé à la polémique dont ils furent suivis ; et je crois utile à ceux qui voudront écrire l'histoire, de grouper autour de ce sujet des détails précis, authentiques, la plupart ignorés, et contribuer ainsi à éclairer l'opinion et à former le jugement de l'avenir.

En parlant comme je le fais, je n'ai pas la pensée de décliner la responsabilité d'un jugement sur les décrets du 22 janvier. Invité par le prince Louis-Napoléon à les étudier mûrement et à lui en dire mon avis, après examen, je n'hésitai pas, le moment venu, à déclarer au Prince que j'en approuvais la légitimité, et que j'offrais de les défendre, ce que je fis dans le *Constitutionnel*. Mais en 1852, dans le *Constitutionnel,* je faisais de la politique; en 1879, dans le *Figaro*, je fais des mémoires; et mon rôle, au sujet des biens de la famille d'Orléans, n'est plus de dire ce que j'en pense, mais seulement de raconter ce que j'en sais.

C'est M. de Persigny qui eut l'initiative des décrets du 22 janvier 1852. Il la prit, dès la fin de décembre, avec une grande ardeur. Il était tenace dans ce qu'il voulait et violent dans ce qu'il proposait. On le vit plus d'une fois forcer la porte de la chambre à coucher du Prince, et mettre sa patiente amitié aux plus rudes épreuves, en troublant son sommeil par de véhémentes propositions.

Au sujet du premier décret, qui était le moins grave, il rappela les lois analogues proposées et votées sous la Restauration et sous le gouvernement de Juillet.

Au sujet du second, qui entraînait la réunion au Trésor des anciens biens personnels du roi Louis-Philippe, il rappela et il commenta les rigueurs exercées par le roi Louis XVIII envers la famille impériale.

Tout cela n'eût pas été déterminant sur l'esprit du Prince, nature calme, élevée, généreuse, dédaigneuse des représailles ; et tout restait à faire après le premier assaut de M. de Persigny, car la mesure n'était même pas discutable aux yeux du Prince, s'il ne lui était d'abord démontré qu'elle était légale.

La pensée des décrets entra alors dans sa seconde phase; elle passa de la sphère émue de l'entraînement, dans celle du droit. On chercha des jurisconsultes éminents, et on leur posa comme thèse à débattre et à résoudre la légalité de la donation de 1830, dans laquelle Louis-Philippe, qui avait reçu l'offre de la couronne le samedi 7 août, et qui l'accepta le lundi 9, distribuait ses biens personnels à sa famille, en se réservant l'usufruit, et en dépouillant l'aîné de ses enfants, le duc d'Orléans, son héritier naturel à la couronne.

En contrôlant mes souvenirs personnels par ceux de deux contemporains, témoins des faits de cette époque, MM. Rouher et de Maupas, je crois pouvoir affirmer que les jurisconsultes appelés à l'examen des décrets, furent M. Coffinières, peut-être M. Mesnard, très probablement M. Stourm, et à coup sûr, M. T..., qui les rédigea.

Je n'ai pas qualité pour juger l'autorité juridique de ces avocats; je me borne à dire qu'à leur avis le principe de dévolution des biens personnels du nouveau roi à la couronne était encore en vigueur en 1830, et que la donation du 7 août, qui avait violé ce principe, était illégale.

Dès ce moment, la conscience du Prince se trouva en repos, et, plus que jamais poussé par M. de Persigny, il entra de bonne foi dans l'esprit des décrets.

Une fois à peu près résolu, le Prince s'ouvrit de son dessein à ses conseillers et à ses amis les plus intimes. Je dois dire qu'il se heurta auprès de beaucoup d'entre eux, et même dans sa famille, aux plus fermes résistances. M. Rouher, M. Fould, M. Ducos, M. Magne, M. de Morny, M. de Maupas combattirent la pensée des décrets, et principalement celle du second. Mme la princesse Mathilde me pardonnera si je mêle respectueusement son nom à ce grave incident, en rappelant qu'elle se jeta aux genoux du Prince, pour le ramener. Le président de la République écouta tout, mais demeura silencieux. Finalement, M. de Persigny eut gain de cause ; et j'affirme, sans hésiter, que les décrets du 22 janvier furent virtuellement son œuvre.

Les résistances des ministres au projet des décrets furent naturellement de divers degrés. M. de Maupas et M. Ducos, après avoir fait leur devoir, restèrent au service du Prince. M. Rouher et M. Fould demandèrent la permission de se retirer du cabinet, avant la promulgation des décrets, et M. de Morny les eût probablement imités pour les mêmes raisons, si la cause spéciale que j'ai racontée n'avait, à elle toute seule, suffi à déterminer sa retraite.

Il y avait donc en fait, dès les premiers jours de janvier 1852, dislocation latente mais réelle du cabinet. M. Fould se retirait devant les conséquences financières des décrets ; M. Rouher, garde des sceaux, avait, pour en décliner la responsabilité, des raisons encore plus pressantes, parce qu'elles étaient plus directes.

XVII

M. JULES FAVRE PROPOSE, AVANT L'EMPEREUR, LA SAISIE DES BIENS DE LA MAISON D'ORLÉANS.

M. Jules Favre propose, le premier, la saisie des biens de la maison d'Orléans. — Sa proposition du 5 juillet 1848. — Rapport de Berryer. — Elle est repoussée. — Loi du 2 mars 1832 sur la donation du 7 août. — M. Rouher vote le rapport de M. Berryer. — Sa raison juridique contre les décrets du 22 janvier. — Il propose à l'Empereur la restitution de treize millions. — Loi du 10 juillet 1856, qui l'autorise. — Le roi Léopold accepte sa part comme gendre du roi. — Les ayants droit des autres filles du roi se ravisent, et retirent leur part. — Essai d'un ministère concentré, tenté par M. de Maupas. — On y renonce. — M. de Persigny ministre de l'intérieur. — Création du ministère de la police, le 22 janvier 1852. — Je suis appelé à Saint-Cloud, pour les décrets sur les biens d'Orléans.

J'ai déjà rappelé que M. Jules Favre, usant de son droit d'initiative, avait proposé à l'Assemblée constituante, le 5 juillet 1848, l'annulation de la donation du 7 août 1830, comme faite en fraude des droits du Trésor, et la réunion au domaine de l'État des biens compris dans cette donation. Sa proposition était, dans le fond comme dans la forme, le second des deux décrets du 22 janvier.

Soumise au comité des finances, la proposition de M. Jules Favre fut l'objet d'un rapport de M. Berryer, qui concluait à son rejet ; et, par un décret du 25 octobre 1848, l'Assemblée confirma la loi du 2 mars 1832, qui avait validé la donation du 7 août, et sanctionné ainsi le droit des enfants du roi Louis-Philippe aux biens de leur père.

M. Rouher, comme membre de l'Assemblée constituante, avait voté le décret du 25 octobre 1848, c'est-à-dire rejeté la proposition de M. Jules Favre, et validé, en sanctionnant la loi du 2 mars 1832, la donation du 7 août 1830.

Comme député, M. Rouher ne pouvait donc pas accepter, présenté par l'Empereur, un décret qu'il avait rejeté, présenté par M. Jules Favre ; et, comme garde des sceaux, il se croyait obligé de respecter la loi de 1832, qui avait approuvé la donation.

Il avait encore, comme juriste, un grave motif de se retirer. Tout en ayant sur la donation du 7 août une opinion très sévère, il trouvait au deuxième décret un vice d'une extrême gravité ; et, s'il avait été appelé à discuter avec les jurisconsultes, d'ailleurs considérables que j'ai désignés, il est possible qu'il eût, en 1852, ramené le président de la République, comme, en 1856, il ramena l'Empereur.

M. Rouher pensait que les trois gendres du roi Louis-Philippe ayant épousé ses filles sous le bénéfice de certaines espérances matrimoniales, fondées sur les biens du père, existant à l'époque du mariage, ne pouvaient pas être dépouillés de ces espérances ; et que leurs femmes, à partir du contrat, avaient eu, sur ces biens une véritable hypothèque légale.

Plus tard, l'Empereur, ayant entendu développer ces idées, les trouva justes, et son esprit s'ouvrit de lui-même à une réparation. Il invita M. Rouher à méditer un projet de loi qui corrigeât ce qu'il voyait de clairement excessif dans le second décret. C'était revenir sur une grave mesure; le conseil des ministres redouta l'effet d'un tel désaveu, et s'opposa à l'exécution du projet. Mais l'Empereur avait vu une injustice à réparer, il garda son idée. En 1856, il pressa M. Rouher de la réaliser.

En conséquence de cet ordre, un projet de loi fut préparé, autorisant le ministre des finances à inscrire au grand livre de la dette publique trois rentes trois pour cent de *deux cent mille francs* chacune, au profit des héritiers de la reine des Belges, de la princesse Marie-Clémentine, duchesse de Saxe-Cobourg-Gotha, et des héritiers de la princesse Marie-Christine, duchesse de Wurtemberg. Présenté au Corps législatif, le projet de loi fut voté sans discussion, le 10 juillet 1856.

Voilà donc, de ce fait, de douze à treize millions restitués. De ces trois rentes, l'une, inscrite au grand livre le 17 octobre 1856, fut immédiatement délivrée au roi des Belges, qui l'accepta; les deux autres, votées mais non encore délivrées, et mises à la disposition des ayant droit, ne furent pas réclamées. Elles restèrent donc libres et disponibles à la Caisse des dépôts, où elles représentaient, à la chute de l'Empire, avec cinq ans d'arrérages, un capital de dix millions. Ces deux inscriptions ont été retirées par les intéressés après le vote de la loi du 18 mars 1872.

Telles furent les raisons qui déterminèrent M. Rouher à s'abstenir de toute participation aux décrets du 22 janvier ; sa retraite, celles de M. Fould et de M. de Morny désorganisaient le cabinet, et il devenait nécessaire, avant d'édicter les décrets, de composer un nouveau ministère qui en acceptât la responsabilité.

Le prince Louis-Napoléon, fortement pénétré des traditions impériales, eut un instant l'idée de revenir à l'organisation ministérielle de 1804, et de réduire de beaucoup le nombre des ministres. Il chargea M. de Maupas d'étudier et de préparer la combinaison.

M. de Maupas eut, après le 2 Décembre, un grand crédit. Ce fut son heure. L'Empereur lui dit : « Je crois que je puis gouverner avec beaucoup moins de ministres, en revenant aux formes de l'Empire, ce qui éviterait la difficulté, toujours sérieuse, de trouver un personnel nombreux et capable. Prenez l'almanach impérial, voyez comment étaient groupés les services et préparez la combinaison. »

La combinaison fut en effet ébauchée. M. de Maupas avait l'intérieur, avec l'instruction publique et les cultes; M. de Persigny prenait les affaires étrangères, et M. le marquis de Turgot était fait directeur général de la police. Les choses étaient ainsi arrêtées le 14 janvier. Les choix à faire pour la justice et les finances, par suite de la retraite de M. Rouher et de M. Fould, vinrent compliquer la composition de ce ministère concentré, lequel échoua surtout parce que M. de Turgot refusa de quitter les affaires étrangères pour passer à la police générale. En cet état des choses, et pour ces motifs, M. de Persigny fut placé au ministère de l'intérieur; et, pour donner à M. de Maupas l'équivalent de ce qu'il perdait, on créa, le 21 janvier au soir, le ministère de la police générale, qui dura jusqu'au mois de juin 1853.

C'est ce jour-là, 21 janvier 1852, que tout était prêt, décrets et ministère. M. Abbatucci prenait, à la justice, la place de M. Rouher, et M. Bineau, aux finances, la place de M. Fould. Afin d'éviter le caractère néfaste de ce jour, 21 janvier, que le Prince, Président ou Empereur, environna toujours d'un douloureux respect, la signature de tous les décrets fut ajournée au 22.

Consummatum est! Les décrets sont publiés, et, je dois le dire, une vive émotion s'empare de l'opinion publique.

Le 24, je fus mandé à l'Élysée. « Avez-vous lu les décrets sur les biens de la famille d'Orléans? — Oui, Prince. — Eh bien, relisez-les, étudiez-les avec soin; et tenez-vous prêt à m'en dire votre avis, lorsque je vous ferai appeler. »

J'eus le temps de bien réfléchir sur les décrets, car la fin de janvier, le mois de février et le commencement de mars furent absorbés par la mise en œuvre du nouveau gouvernement.

Le 25 janvier parut le décret organique du Conseil d'État. Le 26, les conseillers furent nommés, ainsi que les sénateurs. Le 3 février, fut publié le décret organique sur l'élection des députés au Corps législatif; le 17, parut la loi organique de la presse; et au 1ᵉʳ mars, furent fixées les élections générales. Dans l'intervalle, le 3 février, avaient été instituées les *Commissions mixtes*, dans lesquelles, de le répète, une ignorance fabuleusement crasse a pu, seule, ne pas voir l'un des actes qui honorent le plus la mémoire de l'Empereur.

Le 10 mars, je fus informé par M. Mocquard, que le prince m'attendait. Dans l'intervalle, le 27 janvier, M. Véron, cédant à son instinct de bourgeois frondeur, avait eu l'idée de se porter médiateur entre la maison d'Orléans et le Prince, et, dans un article d'ailleurs modéré du *Constitutionnel*, il avait imaginé de soumettre les décrets à l'appréciation des grands corps de l'État. Un *communiqué* du 28 vint lui rappeler que nous ne vivions plus sous le régime parlementaire, et que le système autoritaire l'avait remplacé; il se le tint pour dit. Le Prince attendait donc mon opinion. Je la lui donnai. J'avais été complètement gagné au sentiment théorique des jurisconsultes qui avaient déclaré illégale, comme contraire au principe monarchique de la dévolution, la donation du 7 août 1830. Un tel sentiment entraînait de soi le bien fondé d'un décret annulant un acte illégal de sa nature. J'offris au Prince de me placer sur ce terrain et de défendre principalement le second décret, le plus grave des deux. J'avais médité un plan qui comportait trois articles. Je fus invité à les faire, avec la recommandation expresse de venir les lire avant de les publier. Le premier parut le 14 mars, le second le 16.

Je trouve dans mes papiers le billet de M. Mocquard, qui me convoquait pour celui-ci :

Paris, le 13 mars 1852.

« Mon cher monsieur Granier de Cassagnac,

« Venez chez le Prince demain à dix heures, pour *votre second*, et faites-moi demander dès votre arrivée pour la note.

« Bonsoir,

« Mocquard. »

7 heures du soir.

XVIII

MES SENTIMENTS ENVERS LA FAMILLE D'ORLÉANS.

Mes sentiments monarchiques me rendirent favorable au roi. — Mon père était impérialiste et ma grand'mère légitimiste. Mon ode de rhétoricien en l'honneur du duc d'Angoulême. — J'appuie dans la presse la dynastie de 1830. — Ma visite au roi en 1841. — Accueil courtois qu'il me fait. — Appui qu'il me demande.

Mon troisième et dernier article sur les biens de la maison d'Orléans parut le 1er avril.

J'ai déjà dit que ces *Souvenirs* n'étant pas un livre d'histoire proprement dite, je n'ai pas à juger politiquement les décrets du 22 janvier. Je ne reproduirai donc pas ici les arguments à l'aide desquels je les appuyai dans le *Constitutionnel*; mais la loyale fermeté avec laquelle, pendant quinze ans, j'ai défendu le gouvernement et la personne du roi Louis-Philippe, l'empressement avec lequel, lorsque j'y fus convié par le souverain, je donnai mon concours à M. le duc de Nemours, en vue de faire réussir sa dotation, projetée par M. Guizot et par M. Duchâtel, me rendent agréable et précieuse l'occasion que j'ai de dire quels étaient mes sentiments envers la famille d'Orléans, lorsque je défendais les décrets édictés contre elle par le prince Louis-Napoléon.

Mon père était impérialiste, et ma grand'mère me faisait chanter, en 1814, des chansons où je disais :

> Au blanc panache, aux fleurs de lys,
> Que tout bon Français se rallie.

Ces deux éléments politiques réunis devaient produire et produisirent un monarchiste véhément. Le vent de la république m'envoya bien quelques bouffées au collège, comme à bien d'autres camarades ; mais mon admiration classique pour Brutus ne m'empêcha pas de faire mes premiers vers pour le duc d'Angoulême, vainqueur du Trocadéro ; et peut-être qu'en furetant bien dans les coins oubliés, on trouverait quelque part les félicitations que Mme la duchesse et le roi Louis XVIII daignèrent faire adresser à l'écolier de Toulouse.

La révolution de 1830 m'impressionna violemment ; et je n'oublierai jamais le sentiment de dégoût qui m'envahit lorsque le drapeau blanc, arraché du faîte du Capitole et précipité sur la place, fut mis en lambeaux et foulé aux pieds par d'immondes braillards, parmi lesquels il se trouvait certainement d'anciens Verdets, qui avaient assassiné le général Ramel.

J'hésitai un an. Casimir Périer m'entraîna par son bon sens et par son courage. Sans doute, Louis-Philippe n'était pas le Roi, mais c'était un roi ; et, comme le berger dont parle Virgile, j'honorai ces pénates de bois, en attendant que la fortune les fît d'or.

Pendant quinze ans, je respectai et je soutins dans la presse la monarchie nouvelle, sans lui rien demander que ma part dans la sécurité publique. Convié, comme journaliste, aux grandes fêtes données à Versailles à l'occasion du mariage de M. le duc d'Orléans, je pris sincèrement ma part de la joie publique, en compagnie d'Alphonse Karr, qui n'était pas encore républicain, et qui s'abreuva, comme moi, des sueurs du peuple, à la table royale.

En 1841, j'eus l'honneur de voir le roi, sur une audience demandée par M. Guizot. Il fut ce qu'il savait être, spirituel et charmant. J'arrivais des Antilles et des États-Unis, et nous parlâmes de la Havane, qu'il avait habitée. Il était resté l'élève de Mme de Genlis, toujours curieux des choses de l'histoire naturelle. Son crève-cœur au sujet de ses voyages, était de n'avoir pas visité, sur le continent américain, les forêts de quinquina.

« Sire, lui avais-je dit en l'abordant, je suis de ceux qui croient que le roi règne et gouverne. » Il riait bruyamment, et ma déclaration de principes le mit de bonne humeur. Il aborda la politique, et me parla longuement de M. de Broglie, de M. Thiers, de M. Guizot. « Quoiqu'il passe pour très raide, me dit-il de ce dernier, c'est encore celui avec lequel je me suis toujours entendu le mieux. » Il trouvait M. de Broglie hautain et M. Thiers obséquieux.

Une assez grande idée préoccupait le roi ; il voulait faire à Alger un vaste port militaire, capable de recevoir et d'abriter cent bâtiments de guerre. « Avec une pareille flotte et cent mille hommes, disait-il, je pourrais au besoin prendre l'Italie à revers, ainsi que l'Espagne, et consolider notre influence dans le Midi. Aidez-moi dans la presse à populariser cette idée. J'ai fait étudier le projet, il n'atteindra pas cent millions. »

Vers la fin de la conversation, ma profession de foi sur le roi qui règne et gouverne lui revint à l'esprit, et raviva sa bonne humeur. « Certes, dit-il, je gouverne, et c'est mon droit ; vous ne l'avez pas oublié, vous ! rappelez-*leur* donc, monsieur de Cassagnac, le serment qu'*ils* m'ont fait prêter, le 9 août ; il n'y a pas : je jure de régner ; il y a : je jure de *gouverner*... ah ! ah ! ah ! rappelez-leur cela ! » et c'est au milieu de ce sonore éclat de rire que le roi me tendit la main, sur le pas de la porte où il m'avait fait l'honneur de me reconduire.

Je dois avouer que pendant cette longue audience, mon esprit ne put se détacher d'un souvenir qui l'obsédait. Le vieux M. de Saint-Albin, père de M. Louis-Philippe de Saint-Albin et de Mme Achille Jubinal, m'avait raconté qu'en 1789, M. le duc de Chartres et lui, entrés des premiers au club des Jacobins, s'étaient trouvés *semainiers* ensemble ; et qu'au nom des principes d'égalité alors à la mode et dans leur fraîcheur, ils avaient balayé la salle du club pendant huit jours, avec un zèle et un succès qui leur avait fait honneur. J'étais à l'affût de tout écart de conversation qui rappelât les idées de cette époque ; mais, à l'exception du regret donné aux forêts de quinquina, il n'était resté des leçons de Mme de Genlis que les principes qui font un prince correct et un parfait gentilhomme.

XIX

DOTATION DE M. LE DUC DE NEMOURS.

Opinion qu'on avait en France et en Europe sur l'avenir de la monarchie de 1830. — Ma conversation avec le pape à ce sujet. — Dotation du duc de Nemours. — Le roi me fait demander par M. Guizot de l'appuyer. — Mes relations avec M. le duc de Nemours. — La dotation est abandonnée.

Le roi m'avait donc paru digne des sentiments que je lui portais. Quoique la presse eût bien affaibli son prestige, parmi cette garde nationale parisienne dont il avait été l'idole, et que l'incessante mobilité du régime parlementaire, entretenue par l'ambition des chefs des partis, diminuât sans cesse le principe d'autorité par l'usure rapide des hommes, je croyais sincèrement que la transmission de sa couronne, si elle était virilement préparée et conduite, s'opérerait heureusement.

C'était l'opinion générale, en France et à l'étranger; en Italie, où je passai l'automne de 1847, on n'en avait pas d'autre. Les monsignori de Rome qui, dans l'après-midi, venaient tenir leur cercle dans la célèbre boutique du libraire Merle, place Colonne, la professaient hautement; et je l'affirmai sans hésiter au pape Pie IX, dans la longue audience particulière dont il m'honora, le 22 novembre.

Je n'oublierai jamais cette noble figure, rayonnante de calme et de bonté. Un grand nombre d'étrangers attendaient d'être reçus; je signai ma demande de ma qualité d'homme de lettres, alors très honorée à Rome, et le lendemain, je reçus l'avis suivant :

« Si previenne il signor Granier de Cassagnac, che Sua Santità si degnerà ammetterlo all'Udienza nella mattina di domani 22 corrente.

« Del Quirinale, lo 21 novembre 1847. »

Le Saint-Père fut très bienveillant. J'étais venu prêt à accomplir toutes les génuflexions réglementaires; il m'en dispensa; et lorsque je me baissai pour baiser la croix d'or brodée sur sa mule, il me tendit la main et me releva.

Pie IX connaissait bien la France. Frappé de l'action dissolvante exercée par un journalisme sans frein, il me demanda si j'étais partisan de la liberté illimitée de la presse; je n'hésitai pas à lui répondre : Non! ce qui lui arracha un : Ah! de satisfaction très accentué. Il me parla beaucoup de M. Guizot, aux vues duquel il rendait justice, sans se faire illusion sur leur efficacité; et il exprimait, comme moi, le ferme espoir que l'habileté du roi l'aiderait à amener, sans secousse trop forte, la transmission de la couronne.

Lorsque le premier grand malheur vint frapper le roi,

il me fit l'honneur de se souvenir de moi. La mort de M. le duc d'Orléans, si inopinément arrivée le 13 juillet 1842, ayant amené la régence de M. le duc de Nemours, on crut qu'il était bon de solliciter des Chambres une dotation qui permît au Régent de tenir un plus grand état de maison. Il fallait préparer les esprits à cette nouveauté, et de nombreux écrits de M. de Cormenin avaient prévenu défavorablement l'opinion publique. Il était alors de foi dans les journaux de l'opposition que les caves des Tuileries étaient bondées de petits tonneaux, bien cerclés, et remplis de louis d'or. Il fallait donc ouvrir et vider les petits tonneaux, et montrer qu'il n'y avait que du vent, avec quinze ou seize millions de dettes, au moins apparentes.

Malheureusement, un précédent fâcheux venait compliquer ce projet et devait en rendre la réalisation difficile.

Deux mois avant le mariage de M. le duc de Nemours avec la charmante princesse Victoire-Antoinette, duchesse de Saxe-Cobourg-Gotha, célébré le 27 avril 1840, et en vue de cette union, le roi avait obtenu de M. Passy et de M. Dufaure, qui étaient l'âme du cabinet du 12 mai 1839, qu'ils proposeraient aux Chambres une dotation de cinq cent mille francs, en faveur du jeune prince, comme application du principe qui avait fait accorder deux millions de dotation à son frère aîné, M. le duc d'Orléans.

Le projet fut, en effet, déposé deux mois avant la célébration du mariage, le 20 février 1840 ; mais il fut si défavorablement accueilli par la Chambre et par l'opinion publique, qu'il entraina la chute immédiate du cabinet, et par conséquent ne fut même pas discuté.

M. de Cormenin n'avait pas été étranger à cette déconvenue. Il avait publié contre le projet deux brochures très vives et très piquantes; d'abord une *Lettre au duc de Nemours, au sujet d'un apanage*, et puis des *Questions scandaleuses d'un Jacobin, au sujet d'une dotation*. L'effet en avait été désastreux, et beaucoup de gens restaient toujours persuadés que les caves des Tuileries étaient, comme le disait M. de Cormenin, encombrées de petits barils remplis de louis d'or.

Il fallait donc, avant de mettre en avant la nouvelle dotation, faire oublier la mésaventure de la première, effacer l'impression produite dans un grand nombre d'esprits par les médisances de M. de Cormenin, et faire l'inventaire des caves des Tuileries.

Le roi me fit demander par M. Guizot si je voulais me charger d'éclairer l'opinion, et de la ramener à la réalité des choses, par une série de brochures; c'était un service à rendre au principe monarchique; j'acceptai sans hésiter, et je me mis au travail.

Une tâche pareille me créa naturellement des rapports avec M. le duc de Nemours, le seul des princes d'Orléans que j'aie personnellement connu. M. de Montalivet me fit ouvrir tous les secrets de la liste civile, et j'eus communication et copie des revenus et des charges du roi.

La première brochure était en état d'être livrée, lorsque, au printemps de 1843, le roi et son ministère jugeant les dispositions du public et de la Chambre peu favorables au vote d'une dotation, renoncèrent à l'idée de la proposer. M. Guizot m'informa des nouvelles dispositions du roi et de son gouvernement. Du même coup, mon travail resta sans objet dans mon tiroir. Je n'eus plus aucun rapport direct avec la famille royale; mais j'avais gagné à mes courtes relations avec elle, la connaissance approfondie de la fortune du roi, et emporté le meilleur souvenir de l'empressement de M. le comte de Montalivet, et de la courtoisie de M. le duc de Nemours.

Il m'est toujours agréable de me reporter par la pensée à cette époque; et si la faiblesse du roi et celle de ses enfants, le 24 février 1848, m'ont guéri pour toujours de la monarchie et des institutions parlementaires, elle ne put altérer à aucun degré ma pitié pour leurs malheurs ou mon respect pour leurs personnes.

Tels sont les sentiments avec lesquelles je fis des décrets du 22 janvier l'examen que m'avait demandé le prince Louis-Napoléon.

On sait qu'une loi, du 18 mars 1872, a annulé les effets du décret du 22 janvier 1852, et ordonné la restitution des biens confisqués au préjudice de la maison d'Orléans : mais il n'entre pas dans le plan de ma publication actuelle d'entretenir mes lecteurs de ce sujet délicat.

XX

LES SOUVERAINS DU NORD SONT PRESSENTIS SUR LE RÉTABLISSEMENT DE L'EMPIRE.

Le prince Louis-Napoléon fait pressentir les cours du Nord, au sujet du rétablissement de l'Empire. — Mission à Berlin et à Vienne remplie par un ancien Chevalier-Garde de l'empereur de Russie. — Opinions du comte Buol, de M. de Mayendorf. — Ce Chevalier-Garde se rend de Berlin à Vienne. — Visite au roi de Prusse. — Visite à l'empereur Nicolas. — Opinion de ces souverains sur l'éventualité du rétablissement de l'Empire. — Rapports directs entre l'empereur Nicolas et le prince Louis-Napoléon.

Voilà les questions intérieures à peu près réglées; les membres du Sénat et du Conseil d'État avaient été nommés le 26 janvier; les élections générales faites le 1ᵉʳ mars; les trois grands corps installés le 20 mars, et la session ouverte le 29. Le Prince était donc en règle avec la France; il lui restait à pressentir l'opinion de l'Europe, au sujet de l'éventualité du rétablissement de l'Empire. Le Prince relevait, en effet, de l'opinion du pays, de ses vœux, de ses intérêts; et il n'était pas le maître de la nature, de la mesure ou de la dénomination du pouvoir que la nation pourrait vouloir lui conférer.

Parmi les membres du Sénat et du Conseil d'État convoqués à l'Élysée, le 26 janvier, pour recevoir communication de leur nomination, accepter et remercier, se trouvait un homme jeune, actif, spirituel, dévoué, ancien député de l'Alsace à l'Assemblée nationale, et qui, ayant servi parmi les Chevaliers-Gardes de l'empereur de Russie, était rentré en France, à la suite d'un duel qui avait diversement passionné la société de Saint-Pétersbourg. Il était près du Prince, lorsque le dernier sénateur remercia, et se retournant vers lui, il lui dit : — Monseigneur, quoique convoqué comme les autres, je n'ai néanmoins aucun remerciement à vous adresser, puisque je ne suis point parmi les élus.

— Votre tour est arrivé, lui répondit le Prince ; j'ai songé à vous pour un poste diplomatique, et je vous nomme mon ambassadeur à Berlin.

— Je vous remercie, Monseigneur ; mais je vous prie de me dispenser d'accepter. Des événements du plus haut intérêt se déroulent en France ; j'aime mieux y rester mêlé, que d'aller m'enterrer là-bas, à mon âge, avec des Allemands dont je n'ai pas les goûts.

— Alors, vous voulez être conseiller d'État ?

— Encore moins, Monseigneur ; je me connais ; je suis homme du monde, non homme d'études ; et je ne possède pas les connaissances spéciales qu'exige une telle fonction.

— Je vois que vous voudriez être sénateur ? mais vous êtes trop jeune !

— Prince, je viens de voir ceux que vous avez nommés. Ne pensez-vous pas qu'il en faudrait quelques-uns de jeunes, pour réveiller les vieux ? D'ailleurs, je vous prie de me laisser à Paris, où je pourrai, sans traitement, employer à votre service les relations que j'ai conservées dans le Nord.

— J'accepte votre ouverture, répondit le Prince, et je vous nommerai au Sénat. Dites-moi donc où vous en êtes resté de ces relations dont vous me parliez.

— Vous savez que j'ai servi comme Chevalier-Garde auprès de l'empereur Nicolas, et je crois que je retrouverais auprès de lui ses anciennes bontés pour moi. J'ai été presque élevé avec les princes allemands, avec le prince Charles et le prince Guillaume, fils du roi de Prusse. A Vienne, je connais beaucoup le comte Buol. A Pétersbourg, je connais encore mieux le comte de Nesselrode. Mme la comtesse de Nesselrode a été ma *Mère Assise*, lors de mon mariage. Voilà mes relations ; je crois que je pourrais les utiliser pour vous, suivant la mission que vous me donneriez.

La courte conversation et les ouvertures qui précèdent furent suivies d'un long et important entretien, entre le prince Louis-Napoléon et l'ancien Chevalier-Garde de l'empereur de Russie.

« Je pressens et je redoute, dit le Prince, des difficultés éventuelles, au sujet du retour de l'Empire, qui ne dépend pas uniquement de moi. J'ai résolu de rétablir les aigles sur les drapeaux des régiments. Un Napoléon ne peut pas conserver le coq. Le rétablissement des aigles ne veut pas dire le retour de la politique guerrière; pour être le neveu de Napoléon Ier, je n'ai nulle prétention à ses talents militaires. Je rétablis les aigles, afin de prévenir l'exaltation du sentiment national, et pour empêcher qu'à la première grande revue, l'armée elle-même ne me les demande et ne me les impose.

« Je voudrais bien pénétrer les souverains de ma situation et de mes sentiments.

« Donc, le retour des aigles n'est pas le retour du système guerrier. Si l'Europe me laisse la paix, je porterai mes plus grands efforts sur les travaux de l'intérieur, et, pour commencer, je ferai de Paris la plus belle ville du monde.

« Si l'on me fait injustement la guerre, je m'appuierai sur le principe des nationalités ; les traités de 1815 ont été déchirés en Belgique ; c'est un précédent que j'invoquerais, si j'y étais forcé.

« Je ne me dissimule pas l'hésitation que pourront avoir les vieilles dynasties du Nord à accueillir *un parvenu*. Les mœurs anglaises ne m'inspireraient pas une telle crainte. En Angleterre, les rangs s'ouvrent toujours devant ceux qui se sont élevés par le travail et par l'honneur. Un baronnet, sorti du barreau, entre de plain pied dans l'aristocratie. En France, le plus mince hobereau toise du haut des carrosses du roi, où son aïeul monta jadis, un maréchal, duc et pair, datant de l'Empire, et ayant gagné autant de batailles que l'autre a forcé de lièvres. En Allemagne, comme chez nous, l'aristocratie est fermée ; en Angleterre, elle est ouverte, et elle reste forte, par le sang nouveau qu'elle s'infuse.

« Vous avez assez d'esprit et de monde pour n'avoir pas besoin d'instructions. Pressentez les trois cours, où vous allez vous présenter en gentleman-voyageur. On aura assez de questions à vous adresser, pour que vous n'ayez pas besoin d'en faire beaucoup vous-même. Ne m'engagez pas, et éclairez-moi, tout est dans ces deux mots. »

— A quel moment précis faut-il partir? demanda le Chevalier-Garde. Je proposerais le 7 ou le 8 mai, époque où l'empereur de Russie doit se trouver à Vienne, avant de se rendre à Berlin.

— J'adopte ces dates, répondit le Prince. Cependant, bornez-vous, quant à présent, à vous tenir prêt. Je vous dirai pourquoi.

C'était vers le 30 avril. Le prince avait des inquiétudes sur la grande revue du 10 mai, où devait avoir lieu la remise des aigles aux régiments appelés à Paris. On disait publiquement que l'armée proclamerait l'Empereur. Le 21, un *communiqué* parut dans le *Constitutionnel*, pour éclairer et rassurer l'opinion publique.

Cependant, une dernière entrevue entre le Prince et le gentleman-voyageur eut lieu à l'Élysée le 9 mai. Il fut convenu que celui-ci se tiendrait aussi près que possible du Prince, au commencement de la remise des aigles; et que, sur un signe convenu, le voyageur partirait ou ne partirait pas.

Ce signe fut fait du regard; et deux heures après, l'ancien Chevalier-Garde était sur la route de Vienne.

Le lecteur connaît mon respect pour lui; il est donc comme surperflu de lui dire, que si je ne lui garantis pas tous les termes du récit qui précède et qui va suivre, et dont la meilleure mémoire ne saurait répondre entièrement, je lui garantis néanmoins la scrupuleuse exactitude des informations, et le caractère général des détails.

L'ancien Chevalier-Garde devait surtout et d'abord voir l'empereur Nicolas ; arrivé à Vienne, il apprend qu'il l'a croisé et manqué en route. Il va d'abord faire sa cour au jeune souverain, l'empereur François-Joseph, qui, après une conversation générale sur l'état des choses en France, le renvoie au comte Buol, son ministre des affaires étrangères.

Entrant aussitôt dans le vif de la question, M. le comte Buol déclare qu'à son avis, le Prince doit se contenter d'une prorogation de dix ans. Son interlocuteur répond que le conseil est sage en lui-même, et que, dans l'appel fait à la nation, et auquel a répondu le plébiscite, le Prince n'a en effet demandé que dix ans de pouvoir ; mais, au fond, le Prince, élu du peuple, n'est le maître ni de son titre, ni de la nature de son pouvoir. Il dépend du suffrage universel et du vœu de la nation. Qui peut répondre que les intérêts généraux se contenteront de dix ans ? Et puis, après les dix ans, que mettra-t-on à la place ?

Sans être hostile au rétablissement du pouvoir impérial, considéré en lui-même, M. le comte Buol le trouve dangereux ; il persiste dans ses craintes ; il redoute l'exaltation que le rétablissement de ce pouvoir peut produire sur les esprits, en Italie. Au point de vue de l'ordre général, et malgré les intentions pacifiques du Prince, dont il ne doute pas, il trouve la dignité impériale dangereuse. Il reste donc ferme dans son idée, et persiste à conseiller une prorogation de dix années, qui lui paraît répondre aux besoins, et surtout éviter les difficultés.

En sortant de cette loyale et cordiale audience, l'ancien Chevalier-Garde va faire une visite à M. de Meyendorf, ambassadeur de Russie à Berlin, momentanément resté à Vienne. La conversation a lieu en tout abandon; le tableau de l'état des esprits en France intéresse vivement le comte de Meyendorf, qui engage son interlocuteur à se rendre immédiatement à Berlin, et il annonce son arrivée, par dépêche, à l'empereur Nicolas.

Le jour même, le gentleman-voyageur partait pour Berlin.

Une fois arrivé, il va naturellement voir le roi et lui faire sa cour. — « Eh bien ! lui dit tout d'abord le vieux roi de Prusse, le prince Louis-Napoléon vient de rétablir les aigles ! Alors, c'est encore la guerre ! C'est la vieille rivalité pour le Rhin ! Et les traités de 1815, ils vont donc être déchirés ? Ma foi, tant pis pour lui ! S'il est vainqueur, il le sera par un général dont le prestige, dans un pays aussi mobile que la France, lui deviendra funeste. »

Le voyageur proteste, et répond des dispositions pacifiques du Prince, dont il cite les paroles. Il reprend les aigles, afin que l'armée, dans l'exaltation d'un sentiment national, ne les lui impose pas. Il est le premier à avouer qu'il ne se sent ni les instincts, ni les talents d'un général ; il ne fera jamais la guerre le premier et il veut fermement la paix, dont il a besoin, pour réaliser ses projets sur la prospérité intérieure et extérieure de la France.

Lorsque, après cet entretien, l'ancien Chevalier-Garde

se rendit à l'audience que l'empereur Nicolas lui avait donnée à l'hôtel de l'ambassade, le souverain, l'apercevant, lui dit gaiement : « Ah ! vous voilà, monsieur l'ambassadeur. »

— Sire, je ne suis pas un ambassadeur ; je n'ai aucune mission, aucun caractère ; je suis un voyageur qui passe, et je n'ai d'autres titres à l'accueil de Votre Majesté que son ancienne bienveillance.

— Comme vous voudrez, dit obligeamment l'Empereur ; mais parlons du Prince. Eh bien, je déclare qu'il a rendu un immense service à l'ordre européen, en rétablissant le principe d'autorité en France. Ah ! c'est un *maladiez*, comme nous disons, ou un *gaillard*, un *luron*, comme vous dites, je crois. Quoique jeune, il a gouverné avec la prudence d'un politique consommé.

« Il a pour système de faire tout par lui-même ; la méthode a du bon, mais il faut s'en défier. Un chef d'État ne peut pas tout savoir, tout faire. Il faut qu'il se donne de bons collaborateurs, ce qu'il n'a peut-être pas toujours fait. »

Et ici, l'Empereur glissa dans l'entretien un détail épisodique, inutile à répéter, dont le Chevalier-Garde fit, pour cause, l'objet d'un petit rapport séparé, lequel ne fut peut-être pas étranger au remaniement ministériel qui eut lieu le 28 juin suivant.

L'Empereur reprit : « Je reproche au Prince d'avoir confisqué les biens des d'Orléans ; c'est une faute.

— Sire, répondit le voyageur, le Prince avait peut-être une excuse, dans cette revendication qu'il croit légitime, au point de vue de notre droit national. Il a trouvé dans cette mesure un moyen de réaliser des idées mûries dans sa captivité. Il veut, par des institutions de secours et de prévoyance, améliorer le sort des ouvriers honnêtes. Cette revendication lui donne des dotations. Le Prince est dévoué au peuple, de qui il tient ses pouvoirs, et dont la souveraineté est la base, la source et le principe de l'élévation de sa famille.

— Oh! je sais bien que la souveraineté populaire est la base de son pouvoir. Je n'aime pas ce principe, ou du moins je lui préfère le mien. C'est une grande force. Si Louis-Philippe avait été roi légitime, il ne serait pas tombé. J'ai toujours soutenu cette opinion, même contre mes ministres, qui ne la partageaient pas. La chute de Louis-Philippe a été le triomphe de mon principe.

« Et quelles sont les suites que le Prince compte donner à sa situation actuelle? On a déjà rétabli les aigles!

— Sire, répondit l'interlocuteur, cela n'a pas uniquement dépendu de lui. Il y a la nation, qui a sa volonté, et avec laquelle il faut compter. On ne peut pas préciser par avance la nature, ou mesurer l'étendue du pouvoir qu'elle voudra lui conférer, dans l'intérêt de la sécurité et de la prospérité publiques.

— Dans tous les cas, reprit l'Empereur, le Prince ne me trouvera jamais dans le chemin de ses adversaires; mais l'Empire, s'il y songe, ne se rétablira pas tout seul, il faudra y aider en le proposant. S'il échoue ou s'il ne réussit qu'à demi, son prestige en sera affaibli ; l'épreuve me paraît dangereuse. »

Le Chevalier-Garde visait secrètement à un résultat

qui eût été précieux, mais qui était difficile à obtenir. Il désirait arriver à des rapports directs entre le Prince et l'Empereur. Glissant avec discrétion dans l'entretien une allusion à une circonstance antérieure, il dit : « Sire, dans le passé, le Prince a accueilli avec déférence des conseils venus du dehors. Si d'autres conseils lui venaient encore, ils seraient certainement accueillis de même.

— Oh! non, non, répondit vivement l'Empereur, qui avait compris. J'ai bien assez à faire de gouverner les Russes; je n'ai nulle envie de me mêler de gouverner les Français. »

Repoussé de son but sur cette première insinuation, le voyageur en hasarda une seconde.

— Sire, dit-il, l'empereur Alexandre, votre frère, écrivit souvent à la reine Hortense. Si le Prince supposait qu'il vous fût agréable d'avoir ces lettres, je suis persuadé qu'il vous les adresserait avec plaisir.

— Certainement, répondit l'Empereur, il me sera agréable d'avoir ces lettres d'Alexandre, et je remercierai le Prince de son procédé gracieux. D'ailleurs, je connais le Prince; je l'ai tenu sur mes genoux à la Malmaison, lorsque, avec mon frère Alexandre, que j'accompagnais, j'allai faire ma cour à l'impératrice Joséphine et à la reine Hortense.

« Répétez-lui bien qu'il ne me trouvera jamais parmi ses adversaires. »

La glace était rompue. Les lettres de la reine Hortense furent envoyées; et il y eut échange de lettres courtoises entre le prince Louis-Napoléon et l'empereur Nicolas.

XXI

MA SORTIE DU « CONSTITUTIONNEL ».

Effet de la mission du baron de Heckeren. — Accalmie des esprits. — Attaques de la presse anglaise et de la presse belge. — Article que le prince Louis-Napoléon me fait faire sur le gouvernement belge. — Emotion qu'il produit. — Démarche du chargé d'affaires belge auprès de M. de Turgot. — Réponse du gouvernement français. — Désaveu du *Constitutionnel*. — Mauvaise humeur du docteur Véron. — Je sors du *Constitutionnel*. — Congé qu'il me donne. — Le *Constitutionnel* est vendu. — Je rentre au journal.

Le voyage de l'ancien Chevalier-Garde s'ébruita un peu, malgré la réserve dont il avait été entouré. Des journaux, qui se croyaient un intérêt à en combattre les résultats, le présentèrent comme un échec de la politique du Prince. Je répondis à ces journaux dans le *Constitutionnel* du 27 mai, par une note courte et générale, où j'expliquais la nature et affirmais les bons effets de l'entretien obtenu par le voyageur, dans lequel mes lecteurs auront reconnu le plus jeune des sénateurs d'alors, M. le baron de Heckeren.

Le Prince, en utilisant ses services, restait fidèle à sa méthode politique, qui consistait à employer discrètement, et sans étiquette extérieure, dans la presse, dans la diplomatie, dans les questions économiques, les hommes capables et dévoués.

Ce n'est pas la seule mission secrète et importante que l'ancien Chevalier-Garde remplira.

Nous voici tombés dans une accalmie dont les esprits ne sortiront que vers le 15 septembre, jour du départ du Prince pour le grand voyage dans le Midi, d'où il ramènera l'Empire, réclamé sur toute la route, et annoncé à Bordeaux le 9 octobre, sous la réserve de la ratification du peuple.

Sous l'influence et à la faveur de ce calme des esprits, un décret du 8 août autorisa, comme je l'ai dit, la rentrée immédiate en France de MM. Creton, Duvergier de Hauranne, Chambolle, Thiers, de Rémusat, Jules de Lasteyrie, général Laydet, Antony Thouret, et fit cesser l'exil dont avaient été frappés sept représentants, parmi lesquels étaient M. Théodore Bac et M. Joly.

De tous les députés momentanément éloignés de France, M. Thiers est celui qui s'était le moins résigné. Je lis en effet dans une lettre de M. Duvergier de Hauranne à sa famille, prêtée par un collectionneur d'autographes, et qui m'a été communiquée, les lignes suivantes :

« Bruxelles, février 1852.

« ... Lamoricière ne croit nullement à un prochain retour. Nous nous sommes donné rendez-vous en Italie l'hiver prochain, si notre exil se prolonge. Rémusat est aussi fort disposé à venir de ce côté !

« Quant à Thiers, sa nostalgie augmente. Il voit tout,

il prévoit tout; mais il a envie de rentrer, *coûte que coûte*. Il déclare que si cela dure, ses dames ne l'empêcheront pas d'aller en Italie, seul pays, après Paris, où il puisse vivre. Tu vois que nous avons chance de ne pas manquer de compagnons. »

C'est durant cette accalmie, et pendant le mois de juin, qu'eut lieu un incident de presse d'une certaine gravité, car il amena d'abord ma sortie du *Constitutionnel*, et puis la vente du journal que M. Véron fit à M. Mirès, déjà propriétaire du *Pays*, acquis de M. de Bouville.

Ce que j'ai raconté des ouvertures faites, pendant le mois de mai, aux trois souverains du Nord, au sujet du rétablissement éventuel de l'Empire, a montré l'intérêt, d'ailleurs bien naturel, que le Prince se sentait à entretenir de bons rapports avec les puissances. Ils étaient fort satisfaisants avec les gouvernements eux-mêmes; mais la presse anglaise, qu'on sait fort jalouse de son franc parler, se complaisait, par quelques-uns de ses grands organes, dans des attaques ultra-vives; si bien que l'on verra une députation, formée de notables personnages de la Cité, venir protester auprès du Prince du respect des citoyens anglais pour les institutions librement établies par la France.

Mais les grands journaux anglais sont des puissances; et, de puissance à puissance, il faut savoir être tolérant. Les attaques des journaux belges étaient les plus cuisantes, d'abord parce qu'elles étaient encore plus dures, ensuite parce qu'étant écrites en français, c'était surtout en France qu'elles trouvaient leur débouché, et qu'elles étaient le plus généralement lues.

Un jour de la fin du mois de mai, le prince me fit appeler à l'Élysée, et me demanda de faire, à l'adresse du gouvernement belge, un article ferme, et allant jusqu'à la limite où commencerait la menace. Je devais rappeler que la Belgique, puissance indépendante, mais neutre, était obligée envers sa voisine à plus de modération que les autres ; que son gouvernement devait être assez fort pour obliger la presse à une réserve raisonnable ; et que manquer à ce devoir de respect international, cela pourrait, à la fin, suggérer aux nations justement blessées, la pensée et l'obligation d'aller le faire observer elles-mêmes.

Telle était la portée de mon article. Je le lus, il fut approuvé, et le *Constitutionnel* le publia.

Comme il était naturel de s'y attendre, l'article fut assez vivement relevé en Belgique ; et, avec une habileté dont tout d'abord je ne démêlai pas bien le but, la presse belge persifla le journaliste français, qui affectait de faire blanc de sa plume, comme un chef d'État ferait blanc de son épée.

J'avoue, à ma confusion, que je donnai dans le panneau. Au lieu de me taire, je brochai rapidement, le 4 juin, une réponse, dont le sens était : « que je me sentais dépourvu du degré de folie nécessaire à un particulier pour adresser des menaces à une nation ; et que, si on en avait trouvé dans mon article, c'est qu'apparemment j'avais eu mes raisons pour parler comme je l'avais fait. »

C'était découvrir complètement le Prince, et avouer que mon article avait été commandé par lui. Mon rôle et ma situation au *Constitutionnel* le donnaient d'ailleurs assez à comprendre.

L'ambassadeur du roi Léopold se rendit auprès de M. le marquis de Turgot, qui ne fut remplacé que le 28, par M. Drouyn de Lhuys, au ministère des affaires étrangères, et sollicita un entretien au sujet de cet incident. Ce que fut le langage du ministre, on le verra par le résultat ; mais la réponse à M. Rogier fut aussi simple que possible : le *Moniteur* du 6 publia un court *communiqué*, disant que la politique du gouvernement n'avait pas d'autre organe que le *Journal officiel*.

C'est le 5, au soir, que le Prince, m'appelant près de lui, sur un divan, à l'Élysée, me tint le langage que j'ai rapporté, et me dit : « Il faut que nous soyions brouillés pendant quelques jours. » Lui ayant demandé si c'était moi qui étais désavoué : « Non, me répondit-il, ce n'est pas vous, c'est le journal. »

— Alors, la politique de mon premier article est maintenue ?

— Parfaitement.

— Ne serait-il pas bon de le dire, dans une courte note ?

— Je n'y vois pas d'inconvénient ; faites la note, mais portez-la-moi avant de l'insérer.

Voici cette note succincte, qui fut insérée dans le *Constitutionnel* du 6, au nom de la rédaction, et au-dessous du *communiqué* du *Moniteur*.

Je l'ai conservée. Elle est écrite de ma main, à la plume, et elle se termine par une rectification de trois lignes tracées au crayon, et de la main de M. Mocquard, auquel le Prince les dicta :

« On remarquera que le *communiqué* ci-dessus *ne retire rien* des dispositions que nous avons attribuées au gouvernement français à l'égard de la Belgique. »

Rectification de la main de M. Mocquard :

« ... *Ne désavoue en rien* la politique que nous croyons dans l'intérêt du gouvernement de suivre vis-à-vis de la Belgique. »

Le dénouement répondit à l'attitude prise. J'avais adressé à la Belgique des récriminations sous une forme un peu comminatoire; le gouvernement français déclarait *ne désavouer en rien* cette politique, et par conséquent, c'était lui qui avait parlé. Il supposait que le roi Léopold et les représentants de la nation belge étaient trop sages pour sacrifier les bons rapports, les intérêts commerciaux, les relations de voisinage aux fantaisies excessives d'une presse sans frein. Aussi, un projet de loi fut-il présenté aux Chambres sur le respect dû par la presse aux gouvernements étrangers. En attendant, un professeur de l'Université de Gand ayant eu l'étrange idée, au lieu de faire sa classe, de donner lecture de *Napoléon le petit* à ses élèves, fut suspendu par le ministre de l'instruction publique.

L'affaire du *Constitutionnel* avec la Belgique s'arrangea donc; mais l'affaire de M. Véron avec moi tourna au tragique.

Le *communiqué* du *Moniteur*, qui avait désavoué son journal et avoué son rédacteur, l'avait violemment froissé. Il fit, le 6 juin, le jour même du *communiqué*, un article, ou perfide ou imprudent, dans lequel il disait qu'il ne dirigeait plus réellement le *Constitutionnel*, entièrement soumis à l'influence de l'Élysée. Le lendemain, 7 juin, il reçut du ministre de la police générale un *premier avertissement*. Cette sévérité le mit hors de lui. Il publia un nouvel article, dans lequel il déclarait qu'il n'était plus appelé à l'Élysée ; que j'étais devenu l'intermédiaire obligé du Prince ; que je me trouvais son représentant dans le *Constitutionnel ;* et que ne voulant pas accepter cette espèce d'exhérédation de son influence légitime, il se séparait de moi, à partir de ce jour.

Le surlendemain, 9, *deuxième avertissement*, auquel il eut un instant la folle idée de résister. Ses amis le continrent à peine.

En attendant, je fus rayé des contrôles du *Constitutionnel* avec tous les honneurs de la guerre, car voici les adieux dont le docteur accompagna mon congé :

« Je n'ouvrirai plus les colonnes du *Constitutionnel* à M. Granier de Cassagnac. C'est à cette extrémité que je suis conduit.

« Quoi qu'il en soit, M. Granier de Cassagnac restera toujours des nôtres. Il a droit aux témoignages de reconnaissance du *Constitutionnel*, et à toute mon amicale gratitude.

« La plume de guerre, le talent élevé, le courage inébranlable de M. Granier de Cassagnac pendant tous les mauvais jours, ont rendu les plus rares services à la cause de l'ordre et de la société. Tous les ennemis du président de la République ont été ses ennemis. Nous éprouvons ici le besoin d'honorer M. Granier de Cassagnac et de lui dire que nous estimons trop haut le sentiment presque surhumain de la reconnaissance, pour qu'il trouve en nous un ingrat. »

Mon exil ne fut pas bien long. Le 8 décembre, le *Constitutionnel* annonçait en ces termes que M. Véron venait de céder la propriété du journal, et que je reprenais ma place dans la rédaction :

« La nouvelle propriété du *Constitutionnel* ne pourrait mieux inaugurer son administration qu'en réclamant le concours de l'éminent publiciste qui a naguère enrichi le journal d'articles dont le retentissement a été universel dans le monde politique.

« M. Granier de Cassagnac y reprendra cette plume brillante qu'il y a tenue, dans des temps difficiles et périlleux, avec tant d'éclat et d'autorité. »

Du reste, la sortie de M. Véron du *Constitutionnel* ne s'opéra pas toute seule. L'Empereur, qui était reconnaissant des services du docteur, ne voulait pas néanmoins subir ses caprices. Il dit un jour à M. de Maupas : « Délivrez-moi, à tout prix, des fantaisies de Véron. » Cela fut fait, et M. de Maupas devint l'agent secret de l'achat du *Constitutionnel* par M. Mirès. M. Véron le soupçonna, et la rancune qu'il en conserva ne fut probablement pas étrangère aux attaques dirigées contre M. de Maupas dans ses *Mémoires*.

L'Empereur était entré le 1er décembre aux Tuileries. M. Véron, qui avait beaucoup fait pour lui en ouvrir les portes, ne resta que huit jours de plus au journal. Il sortait riche, avec l'honneur et l'argent. Plus tard, les émotions saines lui manquèrent. La nostalgie le gagna. Il mourut, en 1867, encore jeune, et l'ennui fut sa dernière maladie. Il a laissé d'intéressants souvenirs sur son temps, sous le titre de *Mémoires d'un Bourgeois de Paris*.

XXII

VOYAGE DANS LE MIDI.

Voyage du prince Louis-Napoléon dans le Midi. — *Mémoires* de M. de Persigny. — Erreur qu'ils contiennent sur le rétablissement de l'Empire. — M. de Persigny s'en attribue la pensée.—Inexactitude de ses souvenirs.—Rôle attribué par ces *Mémoires* au préfet du Cher.—Rectification. — Proclamation de M. Pastoureau. — Le Prince avait toujours cru au rétablissement de l'Empire. — Il n'avait donc pas la pensée, que M. de Persigny lui attribue dans ses *Mémoires*, de vouloir maintenir la forme républicaine, malgré l'opinion publique.

L'empereur Nicolas, en exprimant à son ancien Chevalier-Garde son opinion sur le rétablissement de la dignité impériale, avait dit : Cela ne se fera pas tout seul; il faudra au moins le proposer ; et si cela ne réussit qu'à moitié, le prestige du Prince en souffrira. » L'événement va prouver qu'en tenant ce langage, l'empereur de Russie ne soupçonnait pas les dispositions des esprits en France.

Chose infiniment plus surprenante, le Prince lui-même ne les avait pas exactement appréciées. Ce n'est pas qu'il y eût à s'abuser sur le résultat général et prochain de la situation; le sentiment non équivoque de l'armée et le besoin universel de sécurité et de garanties pour l'avenir poussaient à l'établissement d'un régime stable ; le nom, la sagesse, l'énergie du Prince suggéraient à tous, comme solution naturelle et nécessaire, le rétablissement de la dignité impériale. Le principal était en quelque sorte accompli. Par la Constitution, on avait l'Empire ; il ne restait plus qu'à proclamer l'Empereur.

Donc, il n'y avait pour personne, à l'intérieur, ni, à cette époque, à l'extérieur, de doute sérieux sur le prochain relèvement du trône, et l'on sentait bien que le voyage du Prince dans le Midi, constaterait la tendance des esprits vers ce résultat ; mais nul, ni le gouvernement, ni le Prince, n'avaient soupçonné l'ouragan impérialiste qui, dès les premiers pas faits au milieu des populations, va se lever de lui-même, souffler en tempête irrésistible, et placer le Prince dans cette situation absolument imprévue, que, parti de Paris pour pressentir l'opinion sur l'Empire, il va la trouver résolue à le lui imposer.

Il y a de ce fait étrange des témoignages significatifs et curieux.

Avant le départ du Prince, vers le 10 septembre, il y eut conseil des ministres à Saint-Cloud, sur la conduite à tenir. Deux opinions opposées s'y produisirent. M. de Persigny, ministre de l'intérieur, émit l'avis qu'il fallait, à l'aide des préfets, pousser les populations à réclamer l'Empire. M. Abattucci, ministre de la justice, tout aussi convaincu que personne et du vœu réel des populations et du prochain retour des institutions impériales, soutint au contraire, qu'il fallait s'abstenir de toute pression sur le sentiment public, et laisser le peuple d'autant plus libre d'exprimer ses sentiments, qu'il n'y avait aucun doute à concevoir sur leur nature.

Le Prince appuya formellement cette dernière opinion. Il déclara qu'il allait visiter les départements, pour connaître leurs dispositions, et non pour leur suggérer les siennes. Désormais, comme par le passé, il entendait rester l'homme de la France, écoutant fidèlement ses vœux, et exécutant ses volontés. Il fit donc expresses défenses à ses ministres en général, et spécialement à M. de Maupas, son ministre de la police générale, qui l'accompagna jusqu'à Lyon, d'accomplir aucun acte qui pût être interprété comme une pression exercée sur le sentiment public.

Que le Prince désirât la couronne impériale et qu'il espérât sincèrement la porter prochainement, il serait à la fois puéril et inexact de le nier, et je vais donner dans un instant une preuve personnelle de son attente aussi calme que profonde ; mais, fidèle à sa constante politique, il voulait tenir cette couronne du vœu sincère de la France, et non des conseils de sa propre ambition.

Je touche ici à un point qu'il est nécessaire et important d'élucider, en vue de la publication ultérieure des *Mémoires* laissés par M. de Persigny.

M. de Persigny a composé des *Mémoires*, dont il lut quelques parties à mon fils Paul, et dont il communiqua le manuscrit à l'Empereur, pendant l'année qui précéda sa mort. L'Empereur parcourut rapidement l'ouvrage, s'abstint d'y indiquer aucune rectification à faire, même dans les parties inexactes, et se borna, en le renvoyant à son auteur, à cette observation générale, faite en souriant, devant les personnes qui l'entouraient, et parmi lesquelles se trouvait M. Rouher : « Si l'on en croyait Persigny, c'est lui qui aurait tout fait, même l'Empire. »

C'est en effet ce qui résulte un peu de ces *Mémoires*, dans lesquels, au sujet du voyage du Prince dans le Midi, M. de Persigny affirme deux choses, dont l'une est absolument inexacte, et l'autre considérablement exagérée.

M. de Persigny raconte que le Prince était résolu à maintenir le régime républicain, après le 2 Décembre, et que c'est lui qui, à son insu, et par des moyens secrets, fit éclater sur son passage des démonstrations impérialistes, lesquelles firent en quelque sorte violence à ses sentiments, et le décidèrent à accepter la couronne impériale.

Les moyens secrets employés par M. de Persigny auraient consisté dans des instructions absolument confidentielles, données à M. Pastoureau, alors préfet du Cher, au sujet de démonstrations à organiser sur le passage du Prince. M. Pastoureau, mandé à Paris, à l'insu du président de la République, et renvoyé mystérieusement et en hâte à son département, aurait reçu l'ordre de faire crier : *Vive l'Empereur*, mais sans laisser soupçonner, dans aucune mesure, ses instructions, surtout par le Prince; le résultat étant placé sous sa plus immédiate responsabilité.

Tels auraient été les moyens à l'aide desquels M. de Persigny aurait suscité et déchaîné ce souffle populaire qui, de Bourges à Bordeaux, par Nevers, Saint-Etienne,

Dijon, Valence, Avignon, Marseille, Narbonne et Toulouse, précipita douze ou quinze millions d'hommes sur les pas du Prince, et le fit saluer partout du titre impérial, titre qui fut enfin accepté et inauguré par le discours de Bordeaux.

Que M. Pastoureau, préfet du Cher, ait été mandé confidentiellement à Paris par M. de Persigny, quelques jours avant le départ du Prince, cela n'est pas douteux ; qu'il ait reçu des instructions, cela est également certain; mais qu'il ait reçu la mission secrète de faire crier : *Vive l'Empereur!* voilà un point sur lequel les souvenirs de M. de Persigny ont été complètement en défaut. J'ai fait auprès de la famille de M. Pastoureau des démarches à l'aide desquelles j'ai pu établir, sur des documents contemporains et à l'aide de témoignages directs et authentiques, que les instructions données à M. le préfet du Cher ne furent nullement celles que M. de Persigny a consignées dans ses *Mémoires*.

Voici littéralement ce qui se passa.

« J'étais présent à l'arrivée du Prince à Bourges, m'a écrit M. Arthur Pastoureau, fils de l'ancien préfet du Cher, et je me souviens de la manière la plus sûre que, peu de jours avant le 14 septembre, jour de la réception, mon père fut mandé à Paris par M. de Persigny, ministre de l'intérieur. On redoutait Bourges, et le projet du voyage primitif ne comprenait pas d'arrêt dans cette ville. Des démarches s'étant produites, notamment de la part du président du conseil général, le Prince avait finalement décidé qu'il commencerait son voyage par un séjour dans le chef-lieu du Cher.

« M. de Persigny était très préoccupé. Il reçut mon père le matin, dans le jardin de l'hôtel de la rue de Grenelle. Détail que je tiens de mon père, il y avait de la rosée ; et le ministre, dans sa préoccupation, s'obstina à faire marcher le préfet sur l'herbe mouillée. Il ne donna pas à mon père d'autres instructions que celle-ci : « Faites pour le mieux. Retenez bien que le Prince désire voir les populations. »

Ma bonne chance comme chroniqueur a fait que j'ai pu avoir, copié sur les registres du préfet du Cher, l'original de la proclamation adressée par lui aux maires du département. Elle confirme pleinement les préoccupations de M. de Persigny, et les instructions extrêmement réservées qu'il donna à M. Pastoureau, en lui disant « de faire pour le mieux ».

Cette proclamation, datée du 8 septembre, porte ceci :

« Le prince Louis-Napoléon va quitter Paris pour visiter une grande partie de la France. Son départ était fixé au 15 ; mais pour donner aux populations du Berry un éclatant témoignage de sa sympathie, le Prince a bien voulu modifier ses premières dispositions. Il arrivera à Bourges, le mardi 14, à six heures du soir, et restera au milieu de vous une partie du 15.

« Ce que Louis-Napoléon vient chercher parmi vous, ce ne sont pas des fêtes, c'est le concours des populations, c'est le plaisir de se trouver au milieu d'elles et de les voir joyeuses de sa présence. Que vos acclamations le prouvent ; que le Prince sache bien que, dans tout le Berry, il n'y qu'un nom et qu'un cri qui rallie tous les cœurs. Ce cri, nous allons tous le faire retentir devant le neveu du *grand Empereur* :

« VIVE NAPOLÉON ! »

Voilà donc le cri que M. Pastoureau, à la suite des instructions de M. de Persigny, demanda aux maires et aux populations du Berry de pousser en passant *devant le neveu du grand Empereur;* seulement, un incident survint, qui le modifia un peu.

Pour accentuer plus énergiquement le cri de *Vive Napoléon*, écrit dans sa circulaire, M. Pastoureau l'avait fait suivre de trois points d'admiration — !!! — Soit que les caractères typographiques de l'imprimeur officiel de Bourges ne fussent pas d'un dessin très correct, soit que les maires du Berry n'eussent pas une habitude consommée de la ponctuation, ils prirent ces trois points d'admiration pour les chiffres romains majuscules III, et ils entrèrent dans Bourges en interprétant ainsi le cri qui leur était indiqué par le préfet : *Vive Napoléon III!* M. Pastoureau, qui n'était pas resté sur l'estrade où était le Prince, mais qui s'était mêlé à la foule, s'avança un peu ému vers les maires qui avaient dépassé ses intentions, et leur demanda la cause de la variante introduite dans le cri ; ils lui répondirent en lui montrant le texte imprimé, et en lui disant : « Mais c'est vous-même qui nous avez demandé de crier : *Vive Napoléon III!* voyez plutôt votre circulaire ! » il eût été inopportun de ramener de leur erreur les maires du Berry ; l'élan était donné ; on cria : *vive Napoléon III* le 14 et le 15 ; et

M. Arthur Pastoureau, présent au défilé enthousiaste des communes, m'a affirmé qu'on avait également mêlé à ce cri celui de : *Vive l'Empereur !* dû à l'initiative d'une partie des masses populaires.

Voilà l'exacte vérité sur la démonstration de Bourges, et sur la part très circonscrite qu'y prit M. de Persigny. Il est certain que l'enthousiasme des populations du Berry fut contagieux, et que, de Bourges, il gagna, en s'accentuant chaque jour davantage, les départements que le Prince traversa. Les instructions très réservées du ministre de l'intérieur furent une goutte d'eau dans ce torrent, mais il faut reconnaître que c'était la goutte d'eau initiale. Pour ce qui est de croire, comme l'affirment les *Mémoires* de M. de Persigny, que le ministre souleva, par son intervention secrète, les millions de bourgeois, de paysans, de vieillards, de femmes et d'enfants qui, du 15 septembre au 16 octobre, sortirent comme de sous terre, inondant les routes et les villes par où le Prince passa, les circonstances et les faits que je viens de mettre en lumière montrent qu'une telle pensée serait puérile.

Les manifestations dont le Prince fut l'objet, fortifièrent sa pensée très fermement conçue de rétablir l'Empire ; les efforts que M. de Persigny crut nécessaire de tenter pour le détourner de la résolution de maintenir le système républicain, étaient donc un pur mirage de son esprit ; il n'eut jamais cette envie, même en apparence ; et la série des preuves que je vais donner constitue, à cet égard, un corps de démonstration qui va jusqu'à l'évidence.

Je ne parlerai pas des nombreux entretiens qu'en 1850 et en 1851, j'eus l'honneur d'avoir avec le Prince, et dont la pensée générale et dominante était le retour aux institutions de 1804 ; mais je rappellerai la parole grave, adressée à M. Rouher, le 8 novembre 1850, au sujet des terreurs que la conspiration imaginaire de la rue des Saussayes avait causées à M. Dupin, président de la Chambre : « Monsieur Rouher, ma destinée n'est pas encore accomplie : je serai empereur ! »

Je rappellerai surtout le récit que j'ai fait de la mission confidentielle et privée, remplie à Vienne et à Berlin par M. de Heckeren, au mois de mai 1852, et qui eut précisément pour objet de pressentir l'empereur de Russie, l'empereur d'Autriche et le roi de Prusse sur le rétablissement éventuel de l'Empire, et de les y préparer. A toutes les observations, à toutes les objections du comte Buol, du roi de Prusse, de l'empereur Nicolas contre le retour du régime impérial, que répondit invariablement l'envoyé confidentiel du président de la République ? Il répondit que le rétablissement de l'Empire ne dépendait pas seulement de lui ; que le Prince, élu du suffrage universel, n'était pas son maître, et qu'il serait obligé, en vertu de son principe, d'accepter la forme de gouvernement et le titre qu'il plairait à la souveraineté nationale de choisir.

De telles déclarations, spontanément faites aux souverains, sont manifestement exclusives de la pensée attribuée au Prince par M. de Persigny, de vouloir maintenir la forme républicaine.

Mais ce n'est pas tout. Les déclarations faites aux

souverains par voie confidentielle et privée, au mois de mai 1852, à l'occasion du rétablissement des aigles sur les drapeaux des régiments, le Prince les avait déjà faites publiquement à l'Europe et à la France dans un document public et solennel. Le discours d'inauguration des trois grands corps de l'État, réunis aux Tuileries, le 30 mars, accepte en principe le rétablissement éventuel de l'Empire, et s'en exprime ainsi :

« Si les partis cherchaient à saper les bases de mon gouvernement, alors il pourrait être raisonnable de demander au peuple, au nom du repos de la France, un nouveau titre qui fixât irrévocablement sur ma tête le pouvoir dont il m'a revêtu. »

Je pourrais m'arrêter là. Il serait prouvé que, contrairement à l'allégation de M. de Persigny, consignée dans ses *Mémoires*, le prince Louis-Napoléon ne nourrit jamais l'idée préconçue de maintenir la République, et que son ministre de l'intérieur, à l'occasion du voyage dans le Midi, n'eut besoin de recourir à aucune pression factice de l'opinion publique, pour l'en faire revenir. Alors, comme toujours, il aspirait au rétablissement de l'Empire, sous la réserve du vœu de la France, librement et préalablement exprimé.

XXIII

NOTRE BROCHURE.

Détails sur la brochure que le Prince me demande, en vue de préparer les esprits à l'Empire. — Le Prince voulait tenir la dignité impériale du vœu populaire. — Il comptait sur l'opinion, mais il ne la supposait pas aussi complètement acquise à l'Empire. — Base de notre brochure. — Notre conversation à Toulouse. — Discours de Bordeaux. — L'Empire est annoncé.

C'est dans ce sens que, pendant le cours de son voyage, il répondit aux représentants des corps constitués, qui, au nom de l'intérêt public, l'invitaient à rétablir la dignité impériale.

A Bourges, le 15 septembre, il disait au président du conseil général : « Lorsqu'il s'agit de l'intérêt général, « je m'efforce toujours de devancer l'opinion publique; « mais je la suis, lorsqu'il s'agit d'un intérêt qui me « semble personnel. »

A Lyon, le 20 novembre, il disait à M. Dubourg-Duvergier, président du banquet qui lui était offert : « Si le « titre modeste de président pouvait faciliter la mission « qui m'est confiée, ce n'est pas moi qui, par intérêt « personnel, désirerais changer ce titre contre celui « d'Empereur. »

C'est toujours, comme on voit, la même politique. L'élu du peuple attendait, pour y déférer, l'expression claire et précise du vœu national. Ce n'est qu'à Bordeaux, le 9 octobre, qu'en répondant au toast porté par le président de la Chambre de commerce, et appelant, lui aussi, le retour des institutions impériales, qu'il répondra en disant : « comment il comprendrait l'Empire, si, comme la France semblait le désirer, l'Empire devait se rétablir. »

Il me reste, et ce ne sera pas, je crois, la révélation la moins intéressante à faire connaître, à raconter les méditations à la suite desquelles son esprit s'était déterminé.

En partant pour le voyage du Midi, le Prince avait compté trouver les populations bienveillantes à l'idée de rétablir la dignité impériale ; mais il n'avait pas prévu l'irrésistible explosion de sentiments qui la lui imposa.

Quelques jours avant son départ, je fus mandé à Saint-Cloud. Voici le billet de M. Mocquard :

« Saint-Cloud, 19 août 1852.

« Mon cher monsieur de Cassagnac,

« Je m'empresse de vous informer que le Prince vous
« recevra demain vendredi, à Saint-Cloud, vers dix
« heures et demie.

« Mille compliments empressés.

« Mocquard. »

Après m'avoir exposé la question qui préoccupait son esprit, le Prince fit, comme par le passé, appel à mon concours, pour coopérer à la solution conforme à ses vues.

« Ma présence au milieu des populations du Centre et du Midi, que j'ai délivrées des violences des démagogues et du pillage des socialistes, va faire certainement éclater, me dit-il, des vœux en faveur du retour au régime impérial : suivez avec soin la manifestation. En même temps, relisez la période de l'établissement du Consulat et celle de l'établissement de l'Empire; dégagez dans votre esprit les rapports qui peuvent rattacher ces deux époques à la nôtre. Réfléchissez bien à tout cela et préparez-vous à écrire, à votre retour, une brochure à laquelle je vais penser de mon côté, et dans laquelle nous réunirons vos vues et les miennes. Nous approchons évidemment du but; il faudra y conduire les esprits, en nous appuyant sur les sentiments que mon voyage va, sans aucun doute, mettre dans leur vrai jour, et selon le degré de vivacité avec lequel ils se seront montrés. »

— Prince, il sera fait selon vos désirs; je vais me mettre au travail. Je me rends moi-même dans mon département, que l'annonce de votre prochain départ et de votre passage à Toulouse a déjà mis en ébullition. Mes collègues du Gers, de Lagrange et Belliard, ont, comme moi, fait le projet d'aller vous y saluer.

— Vous serez les bienvenus. Pensez à la brochure. Adieu.

On va voir les suites qu'eut ce projet, mais on remarquera qu'avant son départ pour le voyage dans le Midi, le Prince était si loin de penser à maintenir la forme

9.

républicaine, comme l'a affirmé M. de Persigny dans ses *Mémoires*, qu'il concerta avec moi la publication d'une brochure destinée à être faite à notre retour, et ayant pour objet de préparer les esprits au rétablissement de la monarchie impériale.

Le Prince pratiqua donc, à cette époque, à l'égard de M. de Persigny, le principe qui dirigeait habituellement sa conduite. Lorsqu'il poursuivait la réalisation d'une idée délicate, qui avait besoin d'être dirigée avec prudence, il s'en ouvrait exclusivement aux collaborateurs qui devaient en être les agents nécessaires. La veille du 2 Décembre, il communiqua ses projets aux cinq personnes qui devaient les exécuter, laissant en dehors les amis les plus dévoués et les plus sûrs, mais dont la coopération ne devait pas être utilisée. Lorsque, à l'occasion de la reprise des aigles, il voulut expliquer sa situation aux trois grandes cours du Nord, et pressentir leurs dispositions à son égard, il n'employa pas son ministre des affaires étrangères, mais un simple particulier, sans caractère officiel, dont le langage, tout personnel, laissait ouverture à toutes les explications utiles, comme à toutes les rectifications nécessaires.

Enfin, persuadé que quels que fussent les sentiments qui éclateraient dans le Centre et dans le Midi, il serait néanmoins nécessaire de pousser les esprits vers l'Empire, à l'aide d'une publication soigneusement méditée, et répandue avec une éclatante profusion, il avait dit toute sa pensée à celui qui devait écrire la brochure, et avait laissé ses idées, quelles qu'elles fussent, à M. de Persigny, dont la collaboration, en ce moment et pour son but, ne lui était ni nécessaire, ni utile. Voilà pourquoi il s'est trompé de bonne foi.

L'événement déconcerta et dépassa les espérances du Prince. L'empressement des populations et la pression morale qu'elles exercèrent sur son esprit, en vue du rétablissement de l'Empire, prirent une forme et une force torrentielles. Je ne veux dire un mot que de ce que j'ai vu; mais pendant la nuit qui précéda l'arrivée du Prince dans les villes où il devait s'arrêter, toutes les routes, petites ou grandes, tous les chemins, bons ou mauvais, jetaient à flots pressés sur les faubourgs des masses d'hommes, de femmes et d'enfants, se poussant les uns les autres par ondées, et venant on ne sait d'où. Tous les costumes se confondaient, tous les idiomes se mêlaient; mais au-dessus des quinze ou vingt langues descendues des villages perdus dans les montagnes ou cachées dans les replis des rivières, s'élevait la phrase française connue de tout le monde, et que les vieux soldats avaient rendue populaire : Vive l'Empereur !

Le Prince arriva à Toulouse le 4 octobre, à deux heures. J'y étais depuis la veille. Nous allâmes, huit ou dix députés, le saluer au débotté. Le fidèle Belmontet s'y trouvait.

Au grand dîner qui eut lieu, le soir, à la préfecture, occupée par M. Chapuis de Montlaville, le hasard m'avait placé près de la porte d'entrée, donnant sur le grand salon. En sortant de table, le Prince passa donc près de moi, et, sur un signe de son regard, je sortis à côté de lui.

— Eh bien! me dit-il en riant, le peuple a fait la brochure avant nous! Comment la trouvez-vous?

— Complète, Monseigneur, car il ne vous a laissé à y mettre que la conclusion. J'ajoute que tout le monde la voit très prochaine; aux yeux du plus sceptique, l'Empire est fait.

Le Prince s'était arrêté, et son regard était fixé sur le mien; mais il ne me répondait pas.

— Monseigneur, repris-je avec quelque vivacité, l'attente publique est manifeste; jamais opinion ne s'exprima plus spontanément. Elle vous a partout devancé; vous n'êtes même plus à temps d'aspirer à la dignité impériale; il ne vous reste qu'à l'accepter.

Le regard du Prince était devenu vague, et lui-même restait muet; je connaissais cette disposition d'esprit. Ce n'est pas que sa pensée fût indécise; il ne voulait pas la révéler. Lui-même m'avait dit : le peuple a fait la brochure; c'est-à-dire il en est venu, sans impulsion, au point où nous voulions le conduire. Nous n'avons plus rien à faire, rien à écrire; l'Empire est là; mais il restait à le proclamer, et il réservait pour son heure propice cet acte solennel.

Cependant, je fis semblant de ne pas comprendre, et j'insistai.

— Monseigneur, la déception serait immense et périlleuse. Le vœu du peuple est manifeste et éclatant. Si vous hésitiez, on dirait que vous avez peur...

Le regard du Prince s'alluma, et une irrésistible émotion anima ses traits.

— Oui, on dirait que vous avez peur de l'Europe, et

que vous ne vous sentez pas suffisamment abrité derrière la volonté de la France...

Ici, l'émotion s'accentua encore un peu plus, et je crois que le sphinx allait parler, lorsque, par l'effet d'une indiscrétion rare chez un homme de son savoir-vivre, M. le marquis de Portes, membre et, je crois, président du conseil général de l'Ariége, fit irruption dans notre entretien. Le Prince l'accueillit, et, dès lors, je m'écartai avec respect. L'entretien était donc rompu, et il eût été intempestif de chercher à le renouer.

Du reste, je n'attendis pas longtemps : il révéla le 9, à Bordeaux, le secret qu'il avait réservé à Toulouse.

Je n'ai pas à raconter la grande scène de Bordeaux, encore présente à la mémoire de tous. Invité, le 9 octobre, à un grand banquet par la Chambre de commerce, et invité par son président, M. Dubourg-Duvergier, comme il l'avait été à Bourges et à Lyon, à donner un corps aux espérances d'avenir, en rétablissant le gouvernement impérial héréditaire, le Prince se rendit enfin aux instances du vœu public.

Cependant, à Bordeaux comme à Toulouse, le Prince resta impénétrable avant l'heure ; et il ne s'ouvrit pas plus au préfet, M. Haussmann, qu'il ne s'était ouvert à moi.

Le président de la Chambre de commerce lui ayant communiqué le toast qu'il devait lui porter, le Prince, sans s'expliquer davantage, lui suggéra la tournure de phrase à laquelle devait se rattacher sa propre réponse. Mais ni le préfet M. Haussmann, ni le maire de Bordeaux, M. Gautier, ni le président de la Chambre de commerce, ne surent, avant de l'avoir entendu de la bouche même du Prince, que l'Empire allait être rétabli.

Je laisserais sans son plus lumineux commentaire la politique de son règne, si je ne rappelais les principaux traits de la tâche qu'il acceptait.

« J'ai, dit-il, comme l'Empereur, bien des conquêtes à faire. Je veux, comme lui, conquérir à la conciliation les partis dissidents, et ramener dans le courant du grand fleuve populaire les déviations hostiles qui vont se perdre sans profit pour personne.

« Je veux conquérir à la religion, à la morale, à l'aisance, cette partie encore si nombreuse de la population qui, au milieu d'un pays de foi et de croyance, connaît à peine les préceptes du Christ; qui, au sein de la terre la plus fertile du monde, peut à peine jouir de ses produits de première nécessité.

« Nous avons d'immenses territoires incultes à défricher, des routes à ouvrir, des ports à creuser, des rivières à rendre navigables, des canaux à compléter. Nous avons enfin partout des ruines à relever, de faux dieux à abattre, des vérités à faire triompher.

« Voilà comment je comprendrais l'Empire, si l'Empire doit se rétablir. Telles sont les conquêtes que je médite, et vous tous qui m'entourez, qui voulez le bien de la patrie, vous êtes mes soldats. »

On voit que le Prince avait sondé d'un regard pénétrant les profondeurs de la société moderne. Il avait vu le danger d'aujourd'hui, de demain, de toujours, c'est-à-dire les masses populaires désagrégées par le suffrage universel, et qui ne peuvent être protégées contre le souffle décevant mais séducteur du socialisme, que par l'action combinée de la religion, du travail et du bien-être, associés naturels de la famille.

Il venait de vaincre matériellement le socialisme ; mais la force ne fait que le comprimer ; seules, la religion, la famille et l'aisance réunies, peuvent le détruire.

C'est la tâche que s'était proposée l'Empire. Désormais, toute société qui ne poursuivra pas ce but, périra.

Voilà donc l'Empire virtuellement rétabli, puisqu'il ne restait plus qu'à consulter la France.

XXIV

RÉTABLISSEMENT DE L'EMPIRE.

Sentiments qui président au rétablissement de l'Empire. — Large clémence envers les insurgés de 1851. — Tentative des princes d'Orléans en Belgique. — Le roi Léopold les fait réembarquer. — L'Empire est reconnu par toutes les puissances. — Scrupule d'étiquette de la cour de Russie. — Motifs qui déterminent l'Angleterre à reconnaître le titre de Napoléon III. — Difficultés au Sénat au sujet du prince Jerôme Napoléon. — Elle est tournée d'abord et levée ensuite.

L'Empire est relevé et debout. Le 2 novembre 1852, il est rétabli par le Sénat; le 21 et le 22, il est sanctionné par la volonté du peuple; le 2 décembre, il est proclamé à Paris, à l'Hôtel-de-Ville, par M. Berger, préfet de la Seine; devant la garde nationale sous les armes, par M. de Persigny, ministre de l'intérieur; devant l'armée, par le général de Saint-Arnaud, ministre de la guerre.

Chef du second Empire, Napoléon III vient de Saint-Cloud à Paris, au milieu d'un grand concours de peuple, et occupe les Tuileries.

Deux nobles sentiments l'y avaient précédé, consacrant son nouveau pouvoir : la clémence et la reconnaissance.

Dès la veille, des ordres expédiés aux préfets et au gouverneur général de l'Algérie faisaient mettre en liberté tous les expulsés, tous les transportés, tous les internés, sous la seule condition de se soumettre à un gouvernement que la volonté nationale venait d'adopter. Une amnistie générale les rendait à leurs familles, effaçant ainsi les traces de guerre civile, et ne laissant en dehors d'un généreux pardon que les cœurs révoltés qui ne l'acceptaient pas.

Le même jour, des décrets séparés élevaient à la dignité et au grade de maréchal de France le général de Saint-Arnaud, le général Magnan et le général de Castellane, et nommaient M. de Morny grand'croix de la Légion d'honneur. Napoléon III, qui les avait eus à côté de lui à la peine, les entraînait dans sa sphère, et les associait à la gratitude du pays.

Deux épreuves manquaient encore à l'Empire. Comment, en France, l'accueilleraient les anciens partis ? Comment, hors de France l'accueilleraient les gouvernements ?

Il était naturel que M. le comte de Chambord, personnification de l'ordre monarchique fondé sur une sorte de délégation divine, protestât, au nom de sa qualité et de ses droits, contre l'ordre monarchique napoléonien, fondé sur la délégation populaire. Il le fit, en termes généralement modérés et dignes, ne laissant percer que cette faiblesse, de reprocher « au génie et à la gloire de Napoléon Ier, d'être restés impuissants à fonder rien de stable ». Hélas! qui donc oserait promettre la stabilité à la société moderne? La monarchie de Louis XVIII restaurée, fut-elle plus stable que la monarchie de Napoléon élue? Depuis près d'un siècle, tous les genres de monarchie ont pu voir que les époques troublées ne sont pas propices à l'éclosion des longs règnes.

Une autre protestation, insensée par les sentiments, atroce par le langage, vint de Jersey. Elle traitait le suffrage universel de comédie, et disait de celui que huit millions de Français venaient d'acclamer : « Louis Bonaparte est hors la loi !... n'en doutez pas, ceci est l'inévitable avenir, il sera ferré au poteau par le bourreau ! En présence de M. Bonaparte et de son gouvernement, le citoyen digne de ce nom n'a qu'une seule chose à faire : charger son fusil et attendre l'heure ! » On recule épouvanté devant les défaillances de la raison humaine, lorsqu'on songe qu'au bas de ces lignes, on lit le nom glorieux de Victor Hugo!

Il y eut parmi les partisans de la monarchie de 1830, deux manifestations, bien différentes, et peut-être aussi imprévues l'une que l'autre. L'une fut l'œuvre d'une publication qui s'est honorée par une longue fidélité aux doctrines et à la mémoire du roi Louis-Philippe; l'autre eut pour auteurs deux princes de la maison d'Orléans.

La *Revue des Deux Mondes* publiait, tous les ans, sous le nom d'*Annuaire*, un tableau général des doctrines et des événements. Celui qui, au commencement de 1853, résumait les événements de 1852, devait attirer et attira la curiosité publique. On y lut une justification très explicite du rétablissement de l'Empire. « Les masses, disait l'écrivain, préféreront toujours l'autorité d'un seul aux oligarchies, aux aristocraties et à la démocratie représentative elle-même. Elles n'useront du droit de suffrage que pour appuyer le pouvoir qui exercera le plus vigoureusement l'autorité la plus étendue. Indépendamment même de la popularité d'un nom puissant et des fautes de tous les partis, *le suffrage universel contenait le germe de l'Empire.* »

Tel ne parut pas être le sentiment des princes d'Orléans, dont la protestation allia d'ailleurs la prudence à la vivacité, et la docilité à la résolution.

Comme il est naturel de le penser, tout gouvernement avisé se garde, au loin comme de près. Le 8 décembre 1851, six jours après le coup d'État, le prince Louis-Napoléon et M. Besson, préfet du Nord, reçurent de Londres une dépêche leur annonçant que, dans la journée, M. le duc d'Aumale et M. le prince de Joinville venaient de quitter les côtes d'Angleterre, sur un bâtiment frété par eux, avec destination supposée pour Dunkerque ou pour Ostende.

En homme prudent, et sans s'attarder à d'autres informations, M. Besson fit appeler le général commandant la subdivision, et se concerta avec lui pour surveiller le littoral, et pour être prêt à parer à toute tentative. Informé que le même avis avait été envoyé à Paris, M. le préfet du Nord attendit des ordres.

Le lendemain 9, vers onze heures du matin, M. de

Persigny, muni d'instructions générales et de pouvoirs très étendus, concertés la veille au soir avec le président de la République, arrivait à Lille et, sans s'être fait annoncer, se rendait à la préfecture. Son premier mot, en entrant dans le cabinet de M. Besson, fut celui-ci : « Où sont-ils ? » — Les princes d'Orléans ? demanda le préfet. — Mais naturellement, reprit M. de Persigny. — Eh bien ! ils sont repartis ! Et qu'en auriez-vous fait, demanda M. Besson, si vous les aviez trouvés ? — J'avais ordre du prince de les prendre avec tous les égards dus à leur rang, et de les conduire au roi Léopold, avec prière de les garder. — C'est juste la solution que le roi des Belges a trouvée de lui-même, dans son bon sens et dans sa loyauté.

Là-dessus, M. le préfet du Nord raconta à M. de Persigny comment les princes, battus par une mer affreuse, étaient arrivés la veille à Ostende ; et qu'ayant fait prévenir le roi Léopold de leur débarquement, celui-ci, plus souverain que beau-frère, et probablement informé de leurs desseins, avait exigé leur retour immédiat en Angleterre, sans leur permettre d'aller plus avant.

Cette petite tentative resta secrète. Je crois avoir été le premier à la révéler. Le gouvernement français fit semblant d'ignorer et l'arrivée mystérieuse des princes en Belgique, et leur retour soudain, opéré par ordre supérieur. J'en ai puisé la connaissance et les détails à leur source même ; et M. Besson, qui est Dieu merci, plein de vie, pourrait les compléter au besoin (1).

(1) Par respect pour les traditions de la maison, qui a toujours laissé la plus grande liberté de détails à ses collaborateurs, nou

Les gouvernements étrangers eurent une plus juste opinion du second Empire. Dès le 2 décembre, M. Drouyn de Lhuys, ministre des affaires étrangères, avait fait notifier aux puissances l'avènement de l'Empereur, et fait placer sous leurs yeux le sénatus-consulte et le plébiscite. Du 3 décembre au 6 janvier, ils l'avaient tous reconnu, et ils avaient régulièrement accrédité leurs representants auprès de lui. Circonstance digne d'être notée, les souverains appartenant à la maison de Bourbon ou alliés à la maison d'Orléans, furent les premiers à reconnaître le nouvel Empereur des Français. Ferdinand II, roi de Naples, le reconnut le 3 décembre ; Léopold Ier, roi des Belges, le reconnut le 7 ; Isabelle II, reine d'Espagne, le reconnut le 12. Victor-Emmanuel, roi de Sardaigne, l'avait reconnu le 11.

Les trois grandes puissances du Nord n'avaient pas non plus hésité un instant ; mais leurs étroites relations leur avaient fait désirer d'agir de concert ; et en même temps, une question d'étiquette, soulevée par la Cour de Russie, fit ajourner un peu l'envoi à leurs représentants respectifs des lettres qui les accréditaient auprès de la cour des Tuileries.

Un long usage, créé et soigneusement conservé par les dynasties les plus anciennes, veut que, dans leurs relations écrites et officielles, les souverains se donnent réciproquement la qualification de *Monsieur mon Frère*.

n'avons pas changé un mot aux curieuses révélations de M. de Cassagnac, nous réservant, bien entendu, d'insérer toutes les rectifications qui pourraient nous être demandées sur ce point. (*Note du Figaro*)

F. M.

Ainsi en avaient usé les souverains de Naples et du Piémont, la reine d'Espagne et la reine d'Angleterre. Ainsi étaient prêts à en user les souverains d'Autriche et de Russie. L'empereur de Russie aima mieux employer la formule de *Bon Ami*. Ce n'était qu'une appréciation personnelle et une question de forme ; mais comme, en matière de relations entre souverains encore plus qu'entre gens du monde, les formes ont une grande importance, il s'en suivit de longs pourparlers entre M. Drouyn de Lhuys et M. de Kisselef.

Il me fut donné de connaître par le menu cette négociation, résumée dans une dépêche à M. le marquis de Castelbajac, ambassadeur de France à Saint-Pétersbourg. Deux choses essentielles en formaient la base, une extrême bienveillance de sentiments entre les souverains, et une parfaite courtoisie de langage entre leurs agents; mais comme de part et d'autre les convictions restaient fermes, l'accord ne pouvait sortir que d'une concession. M. Drouyn de Lhuys n'hésita pas à la conseiller, pas plus que l'empereur Napoléon III n'hésita à la faire. Quoique *Frère* de tous les autres souverains, il se contenta de n'être que le *bon ami* de Sa Majesté l'empereur Nicolas. Il fit cette concession avec la douceur naturelle de son âme, ne conservant aucune aigreur contre la persistance du czar.

D'où venait cette persistance, constituant une dérogation aux constantes pratiques des plus anciennes cours de l'Europe ? Il serait fort difficile de le dire, et aucune allusion n'y fut faite pendant les pourparlers, ni au cours de la négociation. Cependant, je me hasarderai à rappeler que, dans la conversation qui eut lieu à Vienne, au mois de mai 1852, entre l'empereur de Russie et M. de Heckeren, le czar avait déclaré qu'à son avis, les monarchies d'origine élective avaient moins de prestige et de lustre que celles qui reposaient sur le principe d'une longue tradition. Dans la bouche d'un souverain d'Autriche, d'Espagne, de Naples, d'Angleterre, même de Prusse, l'argument pouvait avoir de l'importance ; mais je crois me rappeler une fine observation de M. Drouyn de Lhuys à M. de Kisselef, où il était courtoisement insinué que l'autorité de la tradition et des anciens usages perdait peut-être un peu de sa force dans la bouche d'un ambassadeur russe, en face de ce qu'avaient fait et de ce qu'étaient prêtes à faire les plus vieilles chancelleries de l'Europe.

Finalement, M. de Kisselef, accrédité jusqu'alors en vue de remplir une mission spéciale et provisoire, reçut un titre définitif de ministre plénipotentiaire. Il remit, en cette qualité, ses lettres de créances à l'empereur Napoléon, le 5 janvier 1853 ; et les ministres de Prusse et d'Autriche l'imitèrent les jours suivants.

Il n'est peut-être pas sans intérêt de rappeler, ne fût-ce que pour marquer le changement heureux survenu dans les idées, que le coup d'État du 2 décembre avait inspiré à une partie de la presse anglaise, et spécialement au *Times*, le langage le plus acerbe contre le gouvernement de Louis-Napoléon. Quoique foncièrement libérale par instinct et par tradition, la presse anglaise n'admettait pas encore pleinement qu'une nation, toujours la première intéressée à sa propre prospérité, devait être le meilleur juge pour décider du choix de son gouvernement. Cette animosité irréfléchie alla si loin, que les notables commerçants et banquiers de la Cité nommèrent une députation, chargée de présenter à l'Empereur une adresse en faveur du maintien des bonnes relations, nécessaires à la prospérité des deux pays.

Cette adresse, dont les signatures couvraient une feuille de parchemin de quatre-vingt-douze pieds de longueur, fut remise, avec une solennité inaccoutumée, à l'Empereur, le 23 mars 1853, par la députation ayant à sa tête sir James Duke, ancien Lord Maire.

C'est au cours de cette animation que le gouvernement anglais n'avait pas hésité à reconnaître le nouvel Empire. M. Disraéli, chancelier de l'Échiquier, l'annonça à la Chambre des communes, le 6 décembre, et le comte Malmesbury à la Chambre des lords. Cette rondeur de décision fit évanouir des scrupules qui semblaient s'être éveillés dans l'esprit des cours du Nord, au sujet du titre de Napoléon III pris par l'Empereur, et qui aux yeux de ces cours, semblait impliquer la consécration posthume et nouvelle de Napoléon Ier et de Napoléon II. Lord Malmesbury n'avait pas hésité à déclarer que l'Angleterre, quoique n'ayant jamais reconnu Napoléon Ier reconnaissait néanmoins Napoléon III, lequel déclarait hautement ne tenir sa légitimité que du choix du peuple français. Là était en effet le point vrai de la question soulevée. Napoléon Ier ayant glorieusement régné pendant quatorze années, et Napoléon II, après l'abdication de son père, du 22 juin 1815, ayant été librement et régulièrement proclamé Empereur, le 23 juin, par la Chambre des représentants et par la Chambre des pairs, il était naturel et légitime que le nouveau souverain, acclamé par la France, prît son rang numérique dans l'ordre successoral d'une dynastie populaire, d'origine élective ; mais cette origine même, et la confirmation qu'elle venait de recevoir du plébiscite, désintéressaient les dynasties étrangères dans le titre par lequel ce souverain leur notifiait son avènement.

Voilà donc le second Empire rétabli, confirmé, proclamé, reconnu, c'est-à-dire en règle avec la France et avec l'Europe. Cette situation rendait d'autant plus manifeste une lacune que les yeux les moins attentifs apercevaient dans la Constitution. L'Empereur n'était pas marié ; à côté de lui étaient les branches collatérales de la famille de Napoléon Ier, représentées par la descendance de Lucien Bonaparte, et par le vieux roi de Westphalie, Jérôme Bonaparte ; l'ordre de succession au trône, réglé par le sénatus-consulte du 7 novembre 1852, ne les mentionnait pas. Pourquoi ce silence ?

A la distance où nous sommes aujourd'hui de ces événements, je crois pouvoir l'expliquer sans indiscrétion.

L'opposition, publiquement manifestée, le 2 décembre, par le prince Napoléon Bonaparte, fils du roi Jérôme, contre l'acte solennel accompli par son cousin ; son refus de paraître à l'Élysée, pendant plusieurs jours ; son empressement à se rendre à une réunion de députés, rédigeant et propageant des manifestes d'insurrection ; une attitude plus grave encore, prise par lui le 4 décembre, attitude dont je tais les détails attristants, et dans laquelle on était en droit de trouver un acte d'hostilité direct et une tentative de résistance matérielle ; toutes ces circonstances réunies amenèrent un déchirement regrettable qu'il ne fut pas possible de cacher aux hommes politiques dévoués à la cause du prince Louis-Napoléon. A la suite de ce déchirement, et pendant quelques jours, le prince Napoléon Bonaparte fut dans le cas de se voir peut-être obligé de sortir de France.

L'inépuisable bonté du prince Louis-Napoléon apaisa, arrangea et oublia tout ; mais les hommes politiques se souvinrent.

Lorsque le Sénat fut convoqué pour examiner la proposition, signée par dix de ses membres, de rétablir la dignité impériale dans la personne du prince Louis-Napoléon Bonaparte, et de le proclamer empereur sous le nom de Napoléon III, il y eut naturellement à prévoir et à régler, d'accord avec le Sénat, l'ordre de succession au trône.

Le respect du prince Louis pour le nom de Napoléon, ses sentiments de famille très profonds, ne lui permirent pas d'hésiter dans la désignation anticipée de ses héritiers en ligne collatérale, pour le cas où il n'en laisserait pas en ligne directe. Par son ordre, M. Baroche, président du Conseil d'État ; M. Rouher, président de la section de législation, et M. Delangle, conseiller d'État, chargés de proposer au Sénat et de soutenir devant lui le projet de sénatus-consulte, modificatif de la Constitution, durent désigner le roi Jérôme et sa descendance légitime comme héritiers de la couronne, à défaut d'héritiers directs, provenant de lui ; mais lorsque les trois conseillers d'État proposèrent cette partie du sénatus-consulte à la commission du Sénat, chargée d'en faire rapport à l'Assemblée, ils se heurtèrent à un refus énergique et à une résistance absolue.

« Nous avons prêté serment au prince Louis-Napoléon, disaient les sénateurs, et nous lui serons fidèles ; mais nous ne sommes pas disposés à servir ceux qui se sont déclarés ses ennemis. »

Ces paroles n'avaient pas pour objet le roi Jérôme, dont la conduite avait été correcte et dévouée; mais bien son fils, le prince Napoléon, qui récoltait ce jour-là ce qu'il avait imprudemment semé. En cet état de choses, il fallut en référer à l'Empereur. Après un long examen de la difficulté, M. Rouher, qui avait le don des solutions difficiles, proposa un article 4, qui ajournait et réservait tout, en disant que l'Empereur « par un décret organique, adressé au Sénat, règlerait l'ordre de succession au trône, dans le cas où il ne laisserait aucun héritier direct, légitime ou adoptif ». Le roi Jérôme et son fils n'étaient ainsi ni désignés, ni exclus.

La proposition de M. Rouher fut adoptée ; son admission par le Sénat ne pouvait être douteuse. Restait à régler sa partie délicate, qui était d'aller, ainsi que les convenances le voulaient, l'annoncer aux princes intéressés. M. de Persigny, ministre de l'intérieur, fut chargé de cette mission, pour laquelle ses relations étroites avec le prince Napoléon semblaient le désigner.

La tâche avait ce côté spécialement difficile, qu'il fallait aller annoncer la résistance du Sénat au roi Jérôme, qui était son président, et qui, en cette qualité, logeait au petit Luxembourg. Tout bien considéré, M. de Persigny n'osa pas affronter l'orage, et se déchargea de sa mission sur M. Henri Chevreau, son secrétaire général, lequel n'eut qu'à obéir.

Les sentiments avec lesquels les deux princes reçurent la communication se devinent sans peine ; mais il n'y avait qu'à se résigner. Toutefois, un recours leur restait ouvert ; c'était la bonté de l'Empereur. Elle ne leur fit pas défaut.

Jugeant que la manifestation du Sénat avait produit son effet, mais ne voulant pas le prolonger au delà du nécessaire, l'Empereur rendit, le 18 décembre suivant, ce *décret organique*, réservé par l'article 4 du sénatus-consulte du 7 novembre. Il y disait :

« Notre oncle bien-aimé, Jérôme-Napoléon Bonaparte et sa descendance directe, naturelle et légitime, provenant de son mariage avec la princesse Catherine de Wurtemberg, de mâle en mâle, par ordre de progéniture, et à l'exclusion perpétuelle des femmes, sont appelés à nous succéder. »

Encore le décret portait-il cette réserve : « dans le cas où nous ne laisserions aucun héritier direct, légitime ou *adoptif*. » La porte n'était plus fermée, mais elle n'était pas encore toute grande ouverte. L'hérédité de la couronne se laissait voir dans le lointain. Mais il fallait la mériter.

XXV

MARIAGE DE L'EMPEREUR.

L'opinion publique pousse au mariage de l'Empereur. — Choix de l'Impératrice. — Deux partis se forment à ce sujet. — Eclat de Mlle de Montijo. — L'Empereur se décide pour un mariage d'affection. — Origine illustre de la famille de Montijo. — Ses sentiments impérialistes. — Le mariage est annoncé aux grands corps de l'Etat le 22 janvier. — Il est célébré aux Tuileries le 29 janvier et à Notre-Dame le 30.

L'ardent besoin de sécurité qui avait fait acclamer l'Empire était à peine satisfait, qu'il se tourna du côté de la dynastie. Ceux qui avaient un Empereur couronné, voulurent avoir un Empereur marié. Napoléon III avait quarante-quatre ans, étant né en 1808; il était donc encore jeune. Le règne d'un prince garçon pouvait sourire aux ourdisseurs d'intrigues de boudoirs, mais les mœurs modernes protestaient contre les traditions domestiques des plus grands règnes des Valois et des Bourbons, et les sentiments personnels du prince y répugnaient. D'ailleurs, à la cour comme à la ville, une maison est morne et vide lorsqu'une femme ne l'anime pas de son esprit et ne la remplit pas de sa grâce. Dans un pays monarchique, comme la France, un trône sans souveraine laisse sans son couronnement naturel la société polie; et le vœu général appelait, en 1853, une jeune Impératrice, comme pour donner dans son salon un ralliement général à toutes les élégances, et trouver dans son cœur un foyer pour toutes les charités.

On espérait assez du goût de l'Empereur pour croire qu'elle serait belle et intelligente; l'instinct public semblant croire que les obligations croissent avec le rang, et que la marque visible et rayonnante de la souveraineté, c'est la beauté et l'esprit chez la femme, comme la hauteur du jugement et le courage le sont chez l'homme. Surtout, on était certain qu'elle serait catholique, entrant dans la famille dont le chef avait rouvert les églises et renoué les anciennes relations de la France et de la papauté, et aussi afin qu'en allant visiter les provinces, elle pût, en entrant dans les sanctuaires, être bénie par toutes les bouches consacrées qui y parlent au nom de Dieu.

La première pensée du monde politique fut de chercher la future Impératrice dans les familles souveraines. C'était la tradition, interrompue en France une seule fois, même depuis que la Révolution de 1789 l'avait séparée moralement des vieux États européens. Le général Bonaparte avait épousé la belle, la gracieuse et bonne Joséphine Tascher de la Pagerie, veuve du vicomte Alexandre de Beauharnais; mais l'empereur Napoléon avait épousé Marie-Louise, archiduchesse d'Autriche. On écouta donc la tradition.

L'Empereur avait pour tante la grande-duchesse de

Bade, Stéphanie-Louise-Adrienne de Beauharnais, mariée en 1806, par Napoléon Ier, à Charles-Louis Frédéric dont le grand-père Charles-Frédéric de Bade-Durlach avait reçu le titre de grand-duc. La grande-duchesse Stéphanie, alors veuve, était restée française par l'esprit et par le cœur, et je conserve au nombre de mes meilleurs souvenirs l'honneur qu'elle me fit, en 1858, de demander à l'Empereur de me présenter à elle, à une petite réunion des Tuileries. L'aînée des deux filles nées de son mariage avait épousé le prince Gustave de Wasa, fils de Gustave IV, le dernier roi de Suède, de la dynastie de Holstein-Gottorp, remplacée par le maréchal Bernadotte, sous le nom de Charles XIV.

Or, de cette fille ainée de la grande-duchesse Stéphanie, qui avait épousé le prince Gustave de Wasa, était née une jeune princesse, Caroline de Wasa, alors en âge d'être mariée. Les liens de famille et ce grand nom de Wasa, porté par Gustave Adolphe et par la reine Christine, suggérèrent naturellement à la tante de Napoléon III, l'idée de rendre un trône au dernier rejeton de cette dynastie déchue. Il est certain qu'il y eut une démarche faite ; mais la jeune princesse était déjà engagée par ses parents au prince royal de Saxe, Frédéric-Auguste-Albert, colonel-propriétaire du 2e régiment de chasseurs russes, et leur mariage eut lieu le 18 juin 1853.

Le duc d'Orléans, fils ainé du roi Louis-Philippe, en possession du titre et des droits de prince héritier, orné des dons de l'esprit et du corps, avait cherché pendant sept ans une fiancée dans toute l'Europe, avant de rencontrer une princesse accomplie sans doute, mais d'une maison bien secondaire, et appartenant à la religion luthérienne. Soit que ce souvenir, présent à tous les esprits, rappelât les hésitations avec lesquelles les veilles dynasties ouvrent leurs rangs aux nouvelles ; soit que la situation de Napoléon III, représentant d'une dynastie deux fois mise en possession du trône par le vœu populaire, lui conseillât une conduite différente de celle qui est familière aux dynasties héréditaires, il conçut la pensée noble et hardie de se marier, ainsi qu'il le dit lui-même, en prince *parvenu*. Il était en effet un *parvenu*, comme l'avait été Auguste. Avant d'être nommé empereur, Auguste n'était que le neveu et l'héritier de César.

On ne tarda pas à connaître la détermination attribuée à l'Empereur, et qui semblait se révéler par de certains symptômes. Il se forma aussitôt deux camps ; d'un côté étaient les partisans des alliances dynastiques ; de l'autre, les hommes, généralement plus jeunes, qui donnaient la préférence aux unions conseillées par les convenances personnelles, et déterminées par le choix réfléchi de l'esprit et du cœur.

Parmi les premiers, se faisaient remarquer le roi Jérôme, **M.** Troplong, président du Sénat, **M.** Drouyn de Lhuys, ministre des affaires étrangères, **M.** Abattucci, garde des sceaux, et **M.** de Persigny, ministre de l'intérieur. C'était le clan de la tradition, pensant que les mariages des rois doivent se plier à de certaines règles, qui ne sont pas toujours puisées dans la recherche de l'affection conjugale.

A la tête des seconds étaient M. de Morny, M. Fould, et les brillants officiers de la maison militaire, M. le colonel Fleury, M. le colonel Edgard Ney, M. le lieutenant colonel de Toulongeon. C'était comme le clan des amoureux et des chevaliers français, pensant que, pour être souverain, on n'en est pas moins homme, et que le bonheur domestique délasse et console, même les princes, de la fatigue, des soucis et des douleurs du pouvoir.

Les uns et les autres voulaient la même chose, l'Empereur marié, et son trône consolidé par les gages de famille qui font les dynasties. Ce résultat à obtenir dominait toutes les combinaisons ; mais les uns plus patients, voulaient attendre un mariage qui donnât une alliance politique ; les autres, plus ardents, poussaient à un mariage qui donnât à la couronne l'appui d'un héritier.

Au milieu de cette préoccupation générale, des noms de jeunes filles appartenant à d'illustres familles de l'Empire étaient déjà prononcés, lorsque les regards de la haute société et du monde politique se portèrent avec prédilection sur une jeune et noble étrangère, déjà en possession du respect et des hommages dans cette région privilégiée, où se mêlent les trois aristocraties de la beauté, de la fortune et de l'esprit.

Elle était Espagnole, née à Grenade, et se nommait Mlle de Montijo.

Ceux qui l'avaient vue avouaient volontiers que la noblesse de sa beauté justifiait l'offre d'une couronne ; ceux qui connaissaient sa famille savaient que la noblesse de sa race ne pouvait déparer aucun trône.

Notre société moderne, laborieuse, financière, marchande, compte peu de vrais gentilshommes, et compte beaucoup de vrais millionnaires. Elle juge donc mieux la fortune que les titres, et entend surtout peu de chose aux règles et aux traditions spéciales de la noblesse espagnole. Aux yeux de la plupart des Français, un comte vaut un autre comte, un prince vaut un autre prince, quelle que soit la chancellerie qui a timbré leur couronne. En Espagne, même avec plusieurs titres dans sa maison, un gentilhomme ne porte que le plus ancien; et la mère de Mlle de Montijo, bien que prenant seulement le titre de comtesse, avait néanmoins celui de duchesse de Pegnaranda.

Les lettrés qui, atteints par la préoccupation commune, avaient recherché ceux de Mlle de Montijo, avaient lu dans les *Mémoires* de Saint-Simon, si expert dans les matières héraldiques, la longue et illustre série de ses ancêtres, remontant aux vieux rois de Léon, des Asturies et de Galice, et comprenant cet épique Tellez-Giron, auquel se rattachent les ducs d'Escalona et les ducs d'Ossuna, et dont Victor Hugo célèbre dans *Hernani* l'héroïque bravoure.

Ces lettrés savaient aussi que Mlle de Montijo réunissait sur sa tête quatre grandesses de première classe, aux titres de Teba, de Banos et de Mora, et que les usages de l'Espagne l'autorisaient, à raison des alliances de sa famille, à porter les noms illustres de Guzman, de Fernandez de Cordova, de Lacerda et de Leyra. Il y avait aussi, parmi les débris de nos glorieuses armées, des vétérans qui se souvenaient de son père, le comte de Montijo, duc de Pegnaranda, colonel d'artillerie au service des armées françaises, et qui, après avoir combattu dans nos rangs, en Espagne et en France, tira son dernier coup de canon, en 1814, pour la défense de Paris. De leur côté, les Français voyageurs auxquels leurs fonctions diplomatiques ou leur rang avaient ouvert les salons de la noblesse espagnole, savaient en quelle estime et en quel honneur la maison de Mme la comtesse de Montijo était tenue à Madrid ; et quelles relations lui avaient créées, en Angleterre comme en France, la grande fortune et la haute distinction de sa famille.

L'Empereur, qui n'ignorait rien de tout cela, avait d'autres informations, plus propres encore à le toucher. Il connaissait les sentiments bonapartistes que le colonel, comte de Montijo, avait inspirés à tous les siens. Il ne pouvait oublier ni un ancien projet de visite au prisonnier de Ham, concerté mais non exécuté par Mlle Eugénie de Montijo, avec une de ses amies intimes; ni surtout une lettre de 1850, écrite au prince Louis-Napoléon, lorsque la Chambre, par un refus de voter sa dotation, l'obligeait à vendre ses chevaux, et dans laquelle, s'associant au projet d'une souscription populaire, au moment de s'ouvrir dans les faubourgs de Paris, des cœurs généreux lui faisaient spontanément offre de leur fortune.

Si les alliances princières sont honorables, elles ne sont pas indispensables, surtout aux dynasties qui surgissent au nom de principes nouveaux ; et il fut aisé de comprendre comment Napoléon III examina d'abord, accueillit ensuite l'idée d'une alliance dans une famille privée, mais de haut rang, où s'offraient à la fois, pour attirer son attention et solliciter sa préférence, l'illustration ancienne, l'exquise beauté et le dévouement. Et tandis que son cœur s'exposait à la séduction, exercée par cette grâce souveraine, la raison tenait à Napoléon III, par la bouche de ses amis, un langage digne d'être écouté. L'Empereur avait quarante-quatre ans, quatre ans de plus que Napoléon 1er, lorsque, après avoir divorcé avec Joséphine, il épousa Marie-Louise. Il n'était pas trop tard, mais il était temps ; et c'est surtout lorsqu'il a un trône à léguer, qu'un père doit être ménager du temps nécessaire pour préparer son fils aux difficultés et aux périls d'un tel héritage.

L'éventualité du mariage prochain de l'Empereur tint en éveil, pendant l'automne de 1852, d'abord la pensée des hommes politiques, ensuite et surtout les curiosités féminines. Dès lors commença, pour éclater après son mariage et s'affermir sur le trône, l'irrésistible et incomparable prestige dont Mlle Eugénie de Montijo ne cessa d'être en possession sur l'opinion publique. On a vu, pendant quinze ans, les deux guichets opposés des Tuileries enveloppés par une foule pressée et sympathique, aux jours et aux heures où l'Impératrice devait sortir ; et lorsque, de loin, on voyait, aux Champs-Elysées, les promeneurs quitter les parterres et se précipiter vers la chaussée, on pouvait dire avec certitude : C'est l'Empereur et l'Impératrice qui passent !

Pendant les quelques mois d'attente qui précédèrent la grande nouvelle, on observait et l'on se redisait tous les signes avant-coureurs. Vrais ou inventés, les moindres mots avaient de l'importance. Après une revue passée dans la cour des Tuileries, on racontait que l'Empereur, lançant son cheval vers les fenêtres du rez-de-chaussée pour saluer les dames, aurait dit à Mlle de Montijo : « Quel est, Mademoiselle, le chemin qu'il faut prendre pour arriver jusqu'à vous ? » — A quoi Mlle de Montijo, marquant de la main une direction à sa droite, aurait répondu : « Sire, c'est le chemin de la chapelle. » C'était en effet par le corridor conduisant du grand escalier à la chapelle que l'on venait à l'appartement où l'Empereur l'avait saluée. Le mot, tout simple qu'il était, fut commenté dans le sens des préoccupations publiques, et l'on en conclut que l'Empereur prendrait le chemin qui venait de lui être indiqué.

Une autre fois, mais ceci est plus certain, on était à Compiègne, à l'époque des invitations, qui avaient lieu à la fin d'octobre ; une société d'élite était rangée, avant le thé, autour d'une table de jeu. On avait remarqué que Mlle de Montijo occupait la droite de l'Empereur ; et, comme il y avait des femmes de ministres, cela fut regardé comme un signe du temps. On jouait le vingt-et-un ; Mlle de Montijo ne semblait pas très experte à ce jeu, et elle consultait, dans les cas douteux, son voisin de gauche. A un certain coup, Mlle de Montijo, en relevant ses cartes, trouva deux figures. Elle les montra à l'Empereur, avec un regard interrogateur. L'Empereur répondit à ce regard, en disant : « Tenez-vous-en au point ; il est très beau. » — « Non, répliqua Mlle de Montijo, je veux tout ou rien. » Et elle demanda des cartes. Le tailleur lui jeta un as. On ajoute qu'elle releva son jeu avec un sourire, qui fut interprété comme le triomphe de la volonté sur la fortune.

Peu de jours s'étaient écoulés depuis le retour de Compiègne, lorsque l'Empereur déclara son mariage dans le cercle le plus étroit de sa famille. Ce fut Mme la princesse Mathilde qui, la première, en reçut la confidence. L'Empereur lui annonça son mariage le 5 janvier, par une lettre dans laquelle il la priait d'être le chaperon de sa fiancée. Le public ne fut informé que le jeudi 20 janvier, par un avis officiel annonçant, pour le samedi 22, la convocation aux Tuileries des bureaux du Sénat et du Corps Législatif, ainsi que du Conseil d'État, pour y recevoir une *communication relative* au mariage de l'Empereur.

Ce n'est pas sans une lutte entre son cœur et sa raison que Mlle Eugénie de Montijo accepta la couronne. Par les traditions de sa famille comme par ses propres sentiments, elle était trop bonapartiste pour ne pas peser, en s'y associant, les intérêts de la dynastie; et je dois consigner ici une anecdote qui est le témoignage de la délicatesse de ses hésitations.

Consulté par l'Empereur, comme les autres ministres, sur la nature de l'alliance la plus nécessaire ou la plus favorable à la couronne, M. Drouyn de Lhuys, ministre des affaires étrangères, s'était prononcé pour une alliance princière. Sans exprimer d'une manière explicite une résolution qu'il n'avait peut-être pas encore formée, l'Empereur accueillit avec déférence l'avis de son conseiller. Quelques jours après cet entretien, M. Drouyn de Lhuys apprit, dans le cercle intime qui en avait reçu la confidence, la nouvelle de la récente détermination qui appelait au trône Mlle de Montijo. Par une interprétation inexacte des circonstances qui avaient pu motiver les desseins et le choix de l'Empereur, le ministre des affaires étrangères, croyant ne pas trouver dans cette récente résolution la confiance dont il se croyait et dont il était digne, lui écrivit qu'une alliance n'était jamais une affaire assez exclusivement politique pour ne pas laisser place aux conseils de l'affection; qu'il se sentait le plus profond respect pour celle à laquelle il venait de donner sa préférence; mais que, craignant de voir dans l'inefficacité d'un conseil librement donné l'affaiblissement d'une confiance qui devait être entière, il le priait d'agréer sa démission.

L'Empereur trouva dans l'estime et dans l'affection qu'il avait pour M. Drouyn de Lhuys, aussi bien que dans le dévouement éprouvé de son ministre, toutes les raisons qu'il fallait pour dissiper ce malentendu passager; M. Drouyn de Lhuys consentit à reprendre sa démission, et, à la prière de l'Empereur, il alla faire une visite à Mme et à Mlle de Montijo. La démarche était d'autant plus naturelle et aisée, que, pendant la durée des fonctions diplomatiques qui l'avaient retenu à Madrid, M. Drouyn de Lhuys s'était honoré de fréquenter le salon de Mme la duchesse de Pegnaranda, et y avait reçu, comme Français et comme homme distingué, un accueil empreint de la plus haute courtoisie.

Mmes de Montijo habitaient, place Vendôme, l'hôtel

appartenant à M. Lebœuf de Montgermont. Lorsque M. Drouyn de Lhuys s'y présenta, M{}^{lle} de Montijo vint à lui, et lui dit : « Je vous félicite et vous remercie de l'avis que vous avez donné à l'Empereur sur son mariage. Cet avis était aussi le mien. — Comment, Mademoiselle, l'Empereur m'a donc trahi auprès de vous? — Non, ce n'est pas vous trahir que de rendre hommage à la franchise de votre caractère, et de me faire connaître l'opinion loyale d'un serviteur, qui exprimait mon propre sentiment. Comme vous, j'ai représenté à l'Empereur, tel que je le voyais, l'intérêt de son trône ; ce n'est pas à moi de me faire son juge, et de décider s'il a eu tort ou raison de croire cet intérêt conciliable avec les conseils de son affection. »

Si la beauté et la distinction de M{}^{lle} de Montijo lui donnèrent la couronne, des sentiments tels que ceux qu'elle exprima à M. Drouyn de Lhuys étaient certes de nature à montrer qu'elle en était digne.

Le grand jour du samedi 22 janvier arriva ; le bureau du Sénat, présidé par M. Troplong ; celui du Corps législatif, présidé par M. Billault ; tout le Conseil d'État, présidé par M. Baroche, arrivèrent aux Tuileries, à midi. Les maréchaux et les cardinaux sénateurs s'étaient joints à leur bureau ; et tous les députés présents à Paris avaient suivi le bureau du Corps législatif. Si j'y étais, il ne faut pas le demander. Une fois réunis, on nous ouvrit la salle du Trône, et, au bout de quelques instants, on annonça l'Empereur. Nous étions debout émus, quelques-uns inquiets sur la façon dont l'Empereur ferait part de son mariage ; car les initiés savaient que, même parmi les ministres, tous, parmi les plus dévoués, n'étaient pas encore conquis.

Le discours de l'Empereur est une pièce historique ; on le connaît, je ne le reproduirai pas ; mais on ne comprendrait pas tout l'effet qu'il produisit, si je ne soulignais pas les passages qui impressionnèrent vivement l'assemblée et gagnèrent complètement les esprits.

Il entra ainsi dans son sujet : « L'union que je contracte n'est pas d'accord avec les traditions de l'ancienne politique : c'est là son avantage. » Cette hardiesse de langage plut à tous les esprits et les remua.

Il continua plus hardiment encore et dit : « Quand, en face de la vieille Europe, on est porté, par la force d'un nouveau principe, à la hauteur des anciennes dynasties, ce n'est pas en vieillissant son blason, et en cherchant à s'introduire à tout prix dans la famille des rois, qu'on se fait accepter. C'est bien plutôt en se souvenant toujours de son origine, en conservant son caractère propre, en prenant franchement vis-à-vis de l'Europe la position de parvenu, titre glorieux lorsqu'on parvient par le libre suffrage d'un grand peuple. » D'unanimes acclamations saluèrent ce cri de fierté nationale.

Les partisans des alliances dynastiques étaient ralliés. Les paroles suivantes achevèrent la victoire : « Sans témoigner du dédain pour personne, je cède à mon penchant, mais après avoir consulté ma raison et mes convictions. En plaçant l'indépendance, les qualités du cœur, le bonheur de famille, au-dessus des préjugés dynastiques, je ne serai pas moins fort, puisque je serai plus libre. » C'était vif, clair, et les applaudissements de l'assemblée prouvèrent que c'était concluant.

Restaient quelques paroles émues, relatives à l'Impératrice : « Bientôt, en me rendant à Notre-Dame, je présenterai l'Impératrice au peuple et à l'armée ; la confiance qu'ils ont en moi assure leur sympathie à celle que j'ai choisie ; et vous, Messieurs, en apprenant à la connaître, vous serez convaincus que, cette fois encore, j'ai été inspiré par la Providence. »

L'Empereur avait complètement gagné sa cause. Jamais assemblée politique, préoccupée, il faut bien le dire, au degré où l'était celle-là, ne fut aussi complètement conquise. L'effet du discours de l'Empereur fut général et profond ; et le baron de M..., chef de cabinet du ministre le plus récalcitrant, écrivait le lendemain à un préfet de ses amis : « Vous penserez ce que vous voudrez de mon aveu. Je vous disais que l'Empereur avait tort ; mais depuis qu'il s'est expliqué, tout le monde avoue que c'est lui qui avait raison. Je le reconnais humblement ; c'est nous qui étions des imbé... » Mon vieil ami le baron de M..., s'il lit les lignes indiscrètes que je viens de tracer, me pardonnera de rappeler que je n'étais pas du clan de son ministre ; car le *Constitutionnel* publia un long article de moi, absolument conforme aux idées de l'Empereur.

Le mariage civil de l'Empereur et de l'Impératrice fut célébré aux Tuileries, dans la salle des Maréchaux, le

29 janvier 1853, à huit heures du soir. Je n'en rappellerai ni le cérémonial, ni les circonstances. Seulement, et à raison de la qualité des conjoints, le lecteur agréera sans doute que je rappelle les paroles sacramentelles que M. Fould, ministre d'État, faisant fonctions d'officier d'état civil, fit prononcer aux fiancés :

« Sire, Votre Majesté déclare-t-elle prendre en mariage Son Excellence Mlle Eugénie de Montijo, comtesse de Téba, ici présente ? »

L'Empereur a répondu :

« Je déclare prendre en mariage Son Excellence Mlle Eugénie de Montijo, comtesse de Téba, ici présente. »

« Mademoiselle Eugénie de Montijo, comtesse de Téba, Votre Excellence déclare-t-elle prendre en mariage Sa Majesté l'Empereur Napoléon III, ici présent ? »

Son Excellence a répondu :

« Je déclare prendre en mariage Sa Majesté l'Empereur Napoléon III, ici présent. »

Le ministre d'État :

« Au nom de l'Empereur, de la Constitution et de la loi, je déclare que Sa Majesté Napoléon III, Empereur des Français, par la grâce de Dieu et la volonté nationale, et Son Excellence Mlle Eugénie de Montijo, comtesse de Téba, sont unis en mariage. »

Le registre sur lequel le mariage fut inscrit était celui de la maison impériale, conservé aux archives de la Secrétairerie d'État. Il s'ouvrait par l'adoption du prince Eugène, comme fils de l'empereur Napoléon Ier, le 2 mars 1806, et il était clos par la naissance du roi de Rome, le 20 mars 1811.

XXVI

L'IMPÉRATRICE EUGÉNIE.

Sentiments qui gagnent à l'Impératrice la faveur de l'opinion publique. — Sa charité. — Sa beauté. — Diamants qu'elle consacre à l'éducation des jeunes filles pauvres. — L'élégance en tout et partout fut son caractère. — Distinction de sa personne et de son esprit. — Lettre de M. Cousin, qui lui recommande les lettres. — Son goût pour les arts. — Sa bienveillance pour les savants, les lettrés et les artistes. — Les invitations de Compiègne. — Liste des invités. — Les *petits lundis*. — Courage de l'Impératrice. — Le choléra à Paris et à Amiens. — Elle visite les pauvres, — Son intelligence des affaires. — Elle assiste au conseil des ministres. — Ses voyages. — Sa fermeté et sa dignité. le 4 septembre.

Lorsque, au premier coup de canon de midi, le dimanche 30 janvier 1853, la voiture à huit chevaux qui portait l'Empereur et l'Impératrice à Notre-Dame, sortit des Tuileries, entre deux haies de gardes nationaux et de soldats, enserrées et noyées dans les flots d'une population empressée et sympathique, la souveraine s'avançait précédée et comme éclairée du double rayonnement de la beauté et de la charité. On l'admirait, parce qu'on la voyait belle; on l'honorait, parce qu'on la savait bonne; et si les six cent mille francs de diamants, offerts par la Ville de Paris et réservés, à sa prière, pour élever des jeunes filles pauvres, ne brillaient pas sur sa personne, l'éclat du collier absent était bien surpassé par l'auréole de respect attendri qui s'élevait du cœur des mères reconnaissantes.

Il est plus aisé d'imaginer que de peindre l'attention respectueuse, mais ardente et insatiable qui, du fond de l'immense nef de Notre-Dame, accueillit l'Impératrice à son apparition sous le portail, et la suivit dans sa marche jusqu'au fauteuil qui l'attendait devant le chœur. Il y eut dans tous les rangs, dans toutes les profondeurs de cette réunion immense, quelque chose de plus éclatant encore que les acclamations; ce fut, à proportion qu'elle marchait, un murmure approbateur et comme l'explosion respectueusement contenue, mais d'autant plus éloquente, des esprits et des cœurs qui se donnaient. Avant le moment où, ayant autour d'elle les chefs de l'armée, les cinq cardinaux français et dix évêques, l'officiant la bénit comme épouse et comme souveraine, le peuple du dehors et l'élite sociale réunie dans la basilique l'avaient consacrée. Elle était entrée à Notre-Dame choisie par l'Empereur, elle en sortit adoptée par la France.

Suivons l'impératrice Eugénie du Parvis de Notre-Dame aux Tuileries; étudions sa vie au milieu des devoirs de son rang, à travers les distractions du monde, les soucis des affaires, les consolations de la maternité; montrons-la associée à la tâche glorieuse et difficile de l'Empereur; poussée par son énergie en Corse, où elle visite le berceau de Napoléon; en Afrique, où elle est saluée dans les fantasias des Arabes; à Constantinople et en Égypte, où elle recueille, du Caire à Suez et aux Cataractes, les hommages rendus au prestige de la France impériale; toujours ferme, ardente, résolue, toujours la même enfin, même à l'heure douloureuse où elle gravit la première marche de son calvaire.

Le trait distinctif et caractéristique de l'impératrice Eugénie, c'était l'élégance en toutes choses, dans l'esprit, dans les goûts, dans l'accueil, dans la personne. C'est par cette qualité, qui semble d'essence française, et dont Paris est le juge suprême, qu'elle exerça pendant dix-sept ans un prestige sans exemple autour d'elle, non seulement dans la sphère du trône, mais dans tous les milieux sociaux où ses voyages la conduisirent. Quoique la beauté et la grâce aient cent formes diverses, et soient diversement appréciées, elle était belle et gracieuse pour tous et partout, parmi les patriciennes comme parmi les paysannes, à Paris comme à Biarritz. J'ai vécu, comme bien d'autres, pendant la durée du règne, dans la sphère du monde officiel, admis ou appelé à la cour ; et quoique bien des femmes, favorisées entre toutes de la nature et de la fortune, y aient attiré l'admiration et reçu de justes hommages, jamais on n'y a entendu dire qu'aucune d'elles y ait balancé, encore moins effacé, l'éclat de l'Impératrice.

Sa vie était simple et active. Levée et prête avant neuf heures, elle vaquait dès lors aux occupations qui remplissaient sa journée. Elle aimait les lectures sérieuses et possédait une instruction solide et variée, à laquelle ses voyages avaient beaucoup ajouté. Sa grande fortune personnelle lui avait permis de partager son existence entre l'Espagne, l'Angleterre et la France, et un esprit aussi vif que le sien n'avait pu étudier ces grands pays, sans y cueillir la riche moisson qu'y offrent aux intelligences les mœurs, les arts et les lettres. Elle donnait ses audiences le dimanche, après la messe ; ces audiences s'étendaient généralement à dix personnes ; mais s'il s'y trouvait, et ce n'était pas rare, des interlocuteurs dignes d'apprécier et de soutenir sa causerie, elle était sujette à se désheurer, comme disait le cardinal de Retz, oubliant les absents pour les présents, et cédant elle-même au charme qu'elle exerçait.

Parmi les femmes diversement distinguées avec lesquelles j'ai eu l'honneur de m'entretenir, je n'en ai pas connu une seule dont la parole eût autant d'imprévu, contenu par autant de naturel et de droiture. Elle avait quelquefois des mots semblables à ces éclairs qui font subitement fermer les yeux, mais qui laissent après eux le ciel plus bleu et l'atmosphère plus pure. C'est à propos d'un de ces mots, rappelant les joies enfantines que lui donnaient, à sept ans, les histoires spirituellement racontées, à elle et à sa sœur, par Henri Beyle, connu sous le pseudonyme de Stendhal, qu'interrogé par elle sur l'impression que j'en avais éprouvée, je lui répondis que sa conversation me rappelait quelquefois cette charmante gazelle des Pyrénées, qui porte parmi les chasseurs le nom d'izard. On la voit sur la pointe d'un rocher, silhouette fine, svelte, aérienne, sondant les profondeurs d'un œil intrépide, et puis s'élançant d'un bond prodigieux. On la croit brisée, mais pendant qu'on cherche son pauvre corps dans l'abîme, on la voit plus alerte, plus légère, faisant résonner de son pied solide l'arête marbrée du pic opposé.

L'action morale exercée par l'Impératrice sur les esprits élevés et délicats fut immense.

J'en veux donner une preuve qui convaincra. M. Cousin fut un des hommes distingués, qui, comme M. Guizot, restèrent respectueux envers l'Empereur, mais ne se rallièrent pas publiquement à son gouvernement. Eh bien ! la victoire refusée à l'Empereur, l'Impératrice la remporta sans combattre. Voici une lettre que lui écrivit M. Cousin sous le prétexte de lui offrir un livre *qui n'avait pas paru encore*, mais en réalité pour se donner le plaisir, que je comprends, de lui parler respectueusement de sa beauté et de son esprit :

« Cannes, 12 janvier 1866.

« Madame,

« Enhardi par M. Mérimée, je brave le ridicule d'offrir de Cannes à Votre Majesté un livre qui n'a pas paru encore et paraîtra seulement dans quelques jours, livre d'ailleurs fort peu digne d'attirer votre attention, si ce n'est peut-être en ce que Votre Majesté y pourra voir, si elle daigne y jeter les yeux, un homme connu du moins par son indépendance et son patriotisme, prendre parti contre les ennemis de l'Empereur, et faire des vœux pour la durée d'un trône où doit un jour s'asseoir votre fils.

« Un mot encore, Madame, si votre Majesté veut bien le permettre.

« On se plaint beaucoup de l'abaissement de la littérature française. A vrai dire elle n'était pas dans un bien meilleur état au commencement du dix-septième siècle, grâce aux deux reines que nous avait données l'Italie, Catherine et Marie de Médicis ; car, à peu d'exceptions près, elle se réduisait presque à une assez médiocre imitation de la littérature italienne, elle-même bien dégénérée ; lorsque, en 1615, il nous arriva du pays du Cid et de Chimène, une princesse belle, fière, à la fois bonne et courageuse, et l'âme encore toute remplie des sentiments héroïques et chevaleresques qui avaient donné à l'Espagne le sceptre de l'Europe. La reine Anne les introduisit et les mit en honneur parmi nous. De là avec ses grandes qualités et ses légers défauts l'hôtel de Rambouillet, cette école du dix-septième siècle ; de là Corneille, et peu à peu cette incomparable littérature, dont le caractère espagnol ne peut être méconnu à son origine, et qui n'en est pas moins le triomphe de l'esprit français.

« Vous aussi, Madame, vous êtes du pays du Cid et de Chimène, plus encore que la petite-fille de Philippe II ; vous possédez tous les grands sentiments dont la beauté n'est que la parure, et qui manquent trop, hélas ! à notre démocratie. Oui, vous les avez dans le cœur, je le sais, Madame. Laissez-les paraître et vous serez surprise de leur puissance et de la vôtre.

« Voyez quel écho sympathique a répondu d'un bout de la France à l'autre, à un mot parti de votre âme et de votre bouche. Quand vous le voudrez, il en sera de même en littérature.

« Le fondateur de votre dynastie, Napoléon Ier, passionné pour toutes les grandeurs, disait un jour : « Si Corneille eût vécu de mon temps, je l'aurais fait prince. » Faites mieux, Madame ; souriez à tout noble effort ; encouragez de votre estime quiconque, dans les lettres, vous semblera touché de l'amour du grand. L'estime d'une personne telle que vous doit suffire à toute ambition.

« Tels sont les vœux que dans sa solitude un vieux philosophe ose adresser à Votre Majesté, en mettant à ses pieds cette faible peinture de *la Société française au dix-huitième siècle*.

« De Votre Majesté,
« Le très humble et dévoué serviteur et sujet,

« Victor Cousin. »

Ce patronage pour les lettres, que M. Cousin demandait à l'Impératrice, elle l'exerçait tous les ans, à Compiègne par la gracieuse hospitalité prodiguée à toutes les illustrations.

Les sentiments exprimés par M. Cousin étaient partagés par une grande partie de l'Université. En janvier 1865, M. Duruy, ministre de l'instruction publique, plaça sous les yeux de l'Impératrice la nomenclature des cours de la Sorbonne, en lui donnant l'assurance que ces professeurs, et bien d'autres, seraient heureux et honorés d'aller faire des conférences littéraires ou scientifiques aux Tuileries.

A un goût général et éclairé pour les arts, l'Impératrice joignait une prédilection spéciale pour l'ornementation et l'ameublement. Le choix intelligent des meubles, leur distribution bien ordonnée la préoccupaient.

M. Lefuel, architecte du Louvre et des Tuileries, qui avait mené à bonne fin les travaux de Visconti, était son guide, et c'est lui qui avait réglé les dispositions de son cabinet. Je dus à un heureux hasard de le visiter, en compagnie de Sa Majesté.

Un soir de petite réception, mon collègue Jubinal et moi, conduits par le même instinct, nous nous étions approchés de la cheminée d'un salon habituellement réservé, pour étudier de près les détails d'une pendule Louis XVI d'une merveilleuse beauté. Nous étions si complètement absorbés dans notre contemplation, que nous n'avions pas aperçu l'Impératrice, qui était venue tout près de nous, et qui nous interpella de sa voix la plus bienveillante, en nous disant : Mais, Messieurs, que regardez-vous donc si attentivement dans ma pendule ? — Madame, nous considérions, M. Jubinal et moi, ses détails exquis, chef-d'œuvre d'une époque que nous prisons particulièrement l'un et l'autre. — Ah! vous aimez les ameublements dans le style Louis XVI ? Eh bien! venez visiter mon cabinet; vous y trouverez dans ce goût quelques types qui vous plairont. » Et sur un signe de Sa Majesté, un chambellan prit une lampe et nous précéda dans le cabinet.

Il était fort riche, mais pourtant moins riche qu'élégant. Le Louis XVI y dominait. J'y admirai surtout deux grands meubles en bois de rose, bien connus comme reproduisant fidèlement deux modèles ayant autrefois orné le cabinet de Marie-Antoinette, à Versailles. Dans ces armoires étaient rangés avec goût des objets rares et précieux, offerts à l'Impératrice, ou appartenant à sa collection personnelle. J'avais entendu raconter qu'elle avait voué un souvenir pieux à la reine Marie-Antoinette, et qu'elle recueillait, quand elle en trouvait l'occasion, les objets qui lui avaient appartenu. Une allusion discrète faite à ces sentiments vint confirmer mes informations, et me fournit l'occasion d'offrir à Sa Majesté une belle lettre autographe de la reine à son amie la princesse de Lamballe, que je tenais du célèbre collectionneur, M. Charavay. Le souvenir que je rappelle m'est une occasion de m'humilier publiquement, en avouant que je ne sais plus quelles circonstances me firent oublier mon engagement, et que la lettre de Marie-Antoinette, en compagnie d'un billet autographe signé Laure de Pompadour, et de beaucoup d'autres, est toujours dans ma collection.

Les célèbres invitations de Compiègne ajoutèrent beaucoup, en la généralisant, à l'action personnelle, sans exemple pour une femme et même pour une reine, que l'impératrice Eugénie exerça sur la société.

Ces invitations étaient loin d'avoir pour objet, comme on a pu le croire et comme on l'a dit, de mondaines distractions et de futiles plaisirs. C'était, pour les souverains, un moyen gracieux et courtois de rapprocher d'eux les personnes considérables appartenant à tous les degrés de la société, aux lettres, aux arts, aux sciences, à la diplomatie, à la judicature, au patriciat de tous les pays; de leur faciliter l'accès du trône; d'échanger avec des intelligences, des aptitudes, des traditions si diverses, des idées, des vues, des projets de nature à tourner au bien public.

Les listes des invités de Compiègne étaient une affaire sérieuse. Chaque ministre devait fournir la sienne, comprenant les personnes distinguées se rattachant à son département, et pouvant justifier une invitation. Ces listes, centralisées au cabinet du grand chambellan, y étaient étudiées, remaniées, coordonnées, sous la direction de l'Impératrice, de manière à réunir, dans de justes proportions, des représentants plus au moins célèbres de toutes les carrières, de toutes les vocations, de tous les grands services, afin que, pendant six jours, l'Empereur et l'Impératrice se trouvassent en contact avec l'élite de la France et de l'étranger.

La plupart de ces listes, qui vont de 1853 à 1869, ont été conservées; on y trouve des lettrés, des savants, des poètes, des peintres, des sculpteurs, des architectes, des romanciers, des chimistes, des médecins, des magistrats, des hommes du monde, des étrangers de marque, des femmes de haute distinction, des diplomates. Je ne citerai que quelques noms, dans l'ordre des lettres, des arts et des sciences :

HOMMES DE LETTRES.

MM.	MM.
Edmond About.	Albéric Second.
Émile Augier.	Baudrillard.

MM.

Beulé.
Caro.
Camille Doucet.
Dumas fils.
Daveluy.
Egger.
Octave Feuillet.
Gustave Flaubert.
Émile de Girardin.
Théophile Gautier.
Paul Janet.
Jamin.
Ernest Legouvé.
De Longpérier.

MM.

Lachaud, avocat.
Léon Laya.
Paul de Musset.
Désiré Nisard.
Nicolet, avocat.
Jules Oppert.
Ponsard.
Léon Régnier.
De Rougé.
Jules Sandeau.
Sainte-Beuve.
De Sacy.
Wolowski.
Francis Wey.

PEINTRES, SCULPTEURS.

MM.

Amaury Duval.
Bida.
Paul Baudry.
Gustave Boulanger.
Barye.
Alfred Arago, inspecteur des beaux-arts.
Bonnassieux.
Couture.
Cabanel.

MM.

Cavelier.
Léon Cogniet.
Carpeaux.
Gustave Doré.
Eugène Fromentin.
Français.
Théodore Gudin.
Gérôme.
Guillaume.
Garnier, architecte.

MM.
Hébert.
Henriquel Dupont.
Eugène Isabey.
Janet Lange.
Lefuel, architecte.
Lehman.
Eugène Lamy.
Meissonnier.

MM.
Gustave Moreau.
Pollet.
Pils.
Protais.
Viollet-le-Duc, architecte.
Winterhalter.
Yvon.

COMPOSITEURS.

MM.
Aubert.
Berlioz.
Félicien David.
Gounod.

MM.
Mermet.
Ambroise Thomas.
Verdi.

MÉDECINS, CHIMISTES, GÉOMÈTRES.

MM.
Claude Bernard.
Chrevreul.
Longet.
Milne-Edwards.
Nelaton.
Sainte-Claire Deville.
Wurtz.

MM.
Bertrand.
Serret.
Delaunay.
Leverrier.
Husson.
Pasteur.

L'accueil le plus bienveillant était naturellement fait aux invités ; il n'y en eut jamais un seul qui ne fût spécialement présenté, et qui n'eût l'honneur d'entretenir ses souverains. L'Empereur élucidait avec les magistrats les grandes questions judiciaires ; l'Impératrice s'entretenait de leurs œuvres les plus remarquées avec les romanciers et avec les poètes. Elle demandait des vers à M. About, qui en fit de charmants ; des scènes dramatiques à M. Ponsard, qui composa et fit jouer une bluette.

Les savants aussi eurent leur vogue. Le célèbre M. Pasteur, cet adversaire triomphant et invaincu de la génération spontanée, renouvela avec succès ses expériences sur les infusoires et les microzoaires qui altèrent le vin et le vinaigre ; et une grenouille, tendue par ses quatre pattes, et qui se fût passée de l'honneur d'une telle séance, servit à la démonstration de la circulation du sang, faite sous les yeux de l'Impératrice et des dames par M. le professeur Longet.

De tous les invités de Compiègne, celui qui était l'objet de l'accueil le plus bienveillant, c'était M. Viollet-le-Duc. Il avait au château son appartement spécial, permanent ; et, presque tous les matins, il s'entretenait ou travaillait avec l'Empereur.

Les invitations de Compiègne, destinées aux situations d'élite, avaient pour objet de rapprocher des souverains le monde qui pense ; les bals et les concerts officiels des Tuileries s'adressaient au monde qui s'amuse. Il y avait par saison quatre bals, et deux ou trois concerts. Ces bals réunissaient, en hommes et en femmes, toutes les élégances, toutes les célébrités de Paris, ainsi que le choix des étrangers, fixés ou de passage dans la capitale. Les concerts produisaient tous les grands artistes des scènes musicales.

Indépendamment de ces réunions générales, il y avait encore les petits bals plus particuliers, qu'on appelait les *lundis de l'Impératrice*. Dans les bals officiels, les invitations se comptaient par plusieurs milliers ; dans les petits bals, elles atteignaient seulement de deux à trois centaines. C'étaient des réunions élégantes, destinées surtout à la causerie, et dans lesquelles quelques jeunes attachés d'ambassade ou des auditeurs au Conseil d'État étaient introduits, en vue d'offrir la main aux jeunes filles, qui ont habituellement le goût de la danse. Beaucoup d'hommes de lettres et d'artistes étaient invités aux *lundis;* et l'Impératrice, comme l'Empereur, y causaient familièrement avec un grand nombre de personnes.

C'est là qu'avaient lieu la plupart des présentations. Comme on voit, c'était un petit Compiègne, sans déplacement. La culotte courte, les bas et le frac noirs constituaient la tenue de rigueur.

J'ai dit que le premier trait caractéristique de l'Impératrice, c'était l'élégance de l'esprit, des goûts et de la personne. Un autre marchait de pair avec celui-là, c'était l'intrépidité du caractère. Personnellement, l'Impératrice n'a jamais eu peur. Elle a pu être brisée par des angoisses, comme souveraine, comme Française, comme mère. Elle n'a jamais tremblé.

Un jour, mon collègue et excellent ami M. Conneau vint me dire, à mon banc au Corps législatif, que l'Impératrice désirait me voir immédiatement, et qu'elle m'attendait dans son cabinet. Dix minutes après, je me présentais à M. de Cossé-Brissac, chambellan de service. Je trouvai l'Impératrice indignée à la lecture d'un article de journal, qui accusait un amiral espagnol de lâcheté. C'était pendant une courte lutte entre l'Espagne et le Pérou ; une petite escadre espagnole avait attaqué le Callao sans succès ; et l'amiral espagnol, qui avait risqué l'aventure par excès d'intrépidité, n'avait pu résister à son désespoir et s'était ôté la vie.

« Je ne puis oublier, me dit-elle, que je suis née en Espagne. Que mon pays natal soit déchu de sa vieille grandeur, ce n'est que trop vrai ; mais que la bravoure chevaleresque d'une nation où circulent de bouche en bouche, depuis des siècles, les légendes de Lara et du Cid, ait fait place à la lâcheté, c'est à la fois odieux et ridicule. Je vous serai obligée de faire, dans le *Constitutionnel*, un article où, en rétablissant les faits relatifs au pauvre amiral, vous vengerez le peuple espagnol de l'accusation de lâcheté qu'on lui a jetée à la face. » Comme on doit le penser, l'article fut fait, et signé de mon nom.

Il y a d'autres preuves, et plus directes, de l'intrépidité de caractère de l'Impératrice. Lorsque le choléra éclata à Paris, au mois d'octobre 1865, aussi courageuse qu'une sœur de charité, dont M. de Sacy, dans un article charmant du *Journal des Débats*, lui donna le titre, elle alla visiter les malades, et leur prodigua les plus touchantes consolations. Au mois de juillet de l'année suivante, le choléra éclata à Amiens. L'Impératrice y accourut, et on la vit se multiplier auprès des malades, les visitant partout, dans les maisons des pauvres, comme dans les hôpitaux. La visite personnelle et mystérieuse des pauvres était d'ailleurs dans les habitudes charitables de l'Impératrice. Elle avait pour cet objet une voiture sans marques distinctives, et, en compagnie d'une de ses nièces, fille de Mme la duchesse d'Albe, elle montait les étages des mansardes, et laissait croire aux familles soulagées qu'elle n'était qu'une des dames patronnesses du comité de la paroisse, chargée de visiter les malheureux.

Lorsque la jeune fille de M. Émile de Girardin fut atteinte, à Biarritz, de l'angine couenneuse dont elle mourut, l'Impératrice, n'écoutant que son cœur de mère, alla plusieurs fois visiter la malheureuse enfant. Elle avait ce dédain du danger qu'inspirent aux grands cœurs la pensée du devoir et la confiance en Dieu.

J'ai dit que l'Impératrice était instruite. La Régence, dont elle fut investie pour la première fois en 1859, au moment où fut résolue la guerre d'Italie, et puis la seconde fois en 1865, pendant le voyage de l'Empereur en Algérie, lui ayant imposé l'obligation de présider les réunions importantes du conseil des ministres, son esprit vif et ouvert se familiarisa rapidement avec les affaires. Les matières les plus techniques ne lui répugnaient pas. Un jour que j'avais l'honneur de dîner aux Tuileries, me trouvant juste en face de Sa Majesté, elle me demanda mon opinion sur la loi relative aux *courtiers maritimes*, que le Corps législatif discutait en ce moment. Je donnai mon opinion; une courte discussion s'engagea ; et je dois dire que je fus battu dans toutes les formes, car l'Impératrice prouva qu'elle connaissait la question beaucoup mieux que moi.

Les ministres se trouvèrent si bien de la première régence de l'Impératrice, qu'après la guerre d'Italie, en juillet 1859, M. Fould, ministre d'État, adressa à l'Impératrice, au nom du cabinet, une lettre où il disait à peu près que « les ministres conserveraient toujours le souvenir de la supériorité d'intelligence avec laquelle Sa Majesté avait dirigé leurs délibérations, ainsi que de la grandeur de caractère qui, dans les décisions à prendre, lui avait toujours fait adopter le parti le plus noble et le plus élevé. »

En même temps, les ministres signèrent une lettre à l'Empereur, où ils demandaient que l'Impératrice continuât à assister au conseil.

C'est à partir de cette époque que Sa Majesté participa officiellement aux délibérations des ministres.

Elle avait à un haut degré le goût des voyages. On sait qu'elle visita la Savoie, la Corse, l'Afrique, l'Écosse, Constantinople, et que sa présence à l'inauguration de l'isthme de Suez jusqu'à la mer Rouge, et son excursion sur le Nil jusqu'à Phylé, après la première cataracte, devait, conformément à un projet primitif, être complétée par une exploration de Jérusalem et de la Terre-Sainte, pays illustres entre tous, et qui, depuis près de mille ans, sont habitués à entendre parler de la France. En complimentant M. de Lesseps de son œuvre immortelle, qu'elle avait constamment patronnée, elle lui indiqua, comme complément de sa tâche, l'enlèvement du seuil dont la formation a isolé de la mer l'antique golfe du Triton, mer intérieure de l'Afrique, près du golfe de Gabès, sur les côtes de la Régence de Tunis. Cette idée est précisément celle que poursuit M. le commandant Roudaire, qui fait depuis quelques années les nivellements nécessaires au rétablissement de cette mer intérieure. On s'étonnera moins de cette initiative, si l'on se rappelle, qu'en 1867, l'Impératrice donna sur sa cassette, à la société générale de géographie une somme de deux cent mille francs, dont le revenu annuel de dix mille francs, devait former un prix décerné au voyageur français qui aurait accompli l'exploration la plus utile.

L'Impératrice était bonne catholique. Elle croyait simplement, sans bruit, comme les vrais croyants. Je fis, en une circonstance mémorable et délicate, l'épreuve de sa foi sincère. L'Empereur partait pour aller prendre en Italie le commandement général de l'armée. Le matin même de son départ, et comme le peuple du faubourg Saint-Antoine lui faisait, entre la place de la Bastille et la gare de Lyon, la mémorable ovation qu'on n'a pas oubliée, je reçus de Tours une petite boîte, contenant une médaille bénite, avec prière de la remettre à l'Empereur. Il y avait alors, à Tours, un homme, que l'opinion publique environnait d'une auréole de sainteté : il se nommait M. Dupont. Les personnes qui, de tous côtés, recouraient à ses prières, étaient innombrables. Eh bien, M. Dupont m'envoyait une petite médaille en argent, avec prière de la remettre à l'Empereur, pour qu'il la portât sur lui. Les médailles que portaient Sylla parmi les païens, et saint Louis parmi les catholiques, ne les empêchèrent pas d'être braves.

L'Empereur étant parti le matin même, j'adressai la médaille à l'Impératrice, en lui faisant connaître son origine et sa destination. A la première réception des Tuileries, Sa Majesté m'ayant aperçu, vint à moi avec vivacité et me dit à demi-voix : « J'ai envoyé la médaille à l'Empereur. Il l'a sur lui. » Lorsqu'elle fit son voyage en Orient, elle traversa l'Italie, pour se rendre à Venise; mais elle s'arrêta à Magenta, pour prier sur la tombe des soldats français; et je serais surpris si, lorsqu'elle était agenouillée, elle n'avait pas songé à la petite médaille de M. Dupont, et à la providence qui avait veillé sur les jours de l'Empereur.

Dès le début de la guerre d'Italie, je proposai à l'Impératrice, très inquiète, une gageure qu'elle perdit. J'avais parié qu'avant deux mois, l'Empereur rentrerait à Saint-Cloud, et qu'il y rentrerait vainqueur. Je raconterai plus loin les sentiments que lui avait laissés l'Italie libérée, et dont il voulut bien me faire la confidence à Saint-Cloud, où il me fit l'honneur de m'appeler, le lendemain de son arrivée.

Au-dessus de l'esprit, de la grâce, de l'énergie, éclatait chez l'Impératrice une qualité directement venue du cœur et spécialement de Dieu; c'est la charité. Les pauvres parleront encore d'elle, lorsque l'histoire se sera tue.

J'ai dit qu'à l'occasion de son mariage, le conseil municipal de la ville de Paris lui avait offert un collier de diamants de six cent mille francs. L'Empereur y ajouta la bourse d'usage, qui fut de deux cent cinquante mille francs. Avec le collier de diamants, l'Impératrice fonda la maison *Eugénie-Napoléon*, ouverte en 1857, et où furent reçues et élevées trois cents jeunes filles pauvres. La bourse reçut une destination analogue. Cent mille francs furent attribués aux sociétés de charité maternelle ; et le reste, c'est-à-dire cent cinquante mille francs, servit à fonder de nouveaux lits à l'hospice des incurables. En 1866, l'Impératrice achetait, pour deux cent mille francs, près de Lyon, le château de Long-Chêne, destiné à un asile ; et, en 1869, elle inaugurait, à Berk-sur-Mer, l'hospice maritime destiné aux enfants chétifs, et où huit cents d'entre eux suivaient un traitement d'hydrothérapie à l'eau de mer.

J'ajouterai un dernier trait à cette charité, pour montrer les ingéniosités de sa persévérance. L'Impératrice craignait que sa mort vînt un jour paralyser l'action des œuvres de charité qu'elle avait fondées. Alors, elle songea aux moyens de faire encore du bien, quand elle ne serait plus. Elle assura sa vie pour deux millions à une Compagnie, de manière à ce que, moyennant un service d'annuités payées par elle de son vivant, la Compagnie versât, à sa mort, les deux millions qu'elle voulait laisser aux pauvres.

Dans cette esquisse rapide de la vie publique de Mlle Eugénie de Montijo, Impératrice des Français, j'omets bien des traits qui auraient mis encore plus clairement au jour cette grande et auguste personnalité ; mais les infortunes des souverains atteignent quelquefois des proportions qui les rendent inénarrables. On les contemple avec émotion, et on les honore dans un respectueux silence.

Cependant, je ne produirais pas dans sa vérité nécessaire le tableau de cette noble existence, si, après avoir montré rapidement l'Impératrice dans les joies de sa gloire d'épouse au sortir de la basilique de Notre-Dame, en 1853, je ne la montrais pas rapidement aussi dans les angoisses de sa douleur de mère et de Française, en 1870, montant, le 7 août et le 4 septembre, les deux premières marches de son calvaire.

Le 7 août, c'était au palais de Saint-Cloud. Une dépêche de l'Empereur, arrivée à midi, annonçait que l'armée marchait à l'ennemi, et que le corps du maréchal de Mac-Mahon venait de s'engager. Depuis plusieurs jours, l'Impératrice ne pouvait pas dormir. La dépêche surexcita encore son inquiétude ; mais, après sept heures d'attente, brisée d'émotions, et sur les instances de M. de Cossé-Brissac et de M. de Piennes, chambellans de service, elle se jeta sur un lit de repos et s'endormit. A huit heures du soir, une seconde dépêche de l'Empereur fut apportée. M. de Cossé-Brissac, qui avait le chiffre, se mit immédiatement à la traduire. Cette dépêphe, qui est restée inconnue de public, portait ceci :

« L'Empereur à l'Impératrice : — Mac-Mahon est en pleine retraite. Élevez vos âmes à la hauteur des événements. Préparez la défense de Paris. Convoquez le conseil de défense. »

Telles étaient les premières nouvelles.

M. de Cossé-Brissac, après avoir bien vérifié la traduction de la dépêche, et s'être assuré qu'elle était exacte, ne se sentit pas la force de la porter à l'Impératrice. Il chargea M. de Piennes de ce soin. Réveillée en sursaut et laissée seule, elle lut la terrible nouvelle. Au bout de quelques instants, elle parut, pâle, mais résolue. L'Impératrice arriva aux Tuileries à une heure du matin, et convoqua immédiatement le conseil de défense, qui délibéra jusqu'à quatre heures.

Le 4 septembre, c'était au palais des Tuileries. Il était trois heures de l'après-midi. La Chambre venait d'être envahie et dispersée. Les bataillons et les escadrons de dépôt de la garde occupaient la cour et le jardin ; mais l'Impératrice avait expressément défendu de tirer un seul coup du fusil pour la défendre. Les personnes qui entouraient l'Impératrice la pressaient vivement de partir. Elle se défendit longtemps, disant que son devoir était de rester. Quand le jardin des Tuileries fut forcé par la foule, venue de la place de la Concorde, ces personnes insistèrent de nouveau avec plus d'énergie. L'une d'elles, prenant l'Impératrice par la main, et la conduisant à la fenêtre, lui montra les bandes débraillées qui arrivaient déjà au bassin le plus rapproché du château. Alors, Sa Majeté regarda fixement, et, après un moment de silence, elle dit avec la plus grande dignité : « Je ne leur donnerai pas une seconde reine à insulter ! »

Elle passa dans sa chambre, d'où elle partit.

M. de Cossé-Brissac resta dans le salon, pour dissimuler, par sa présence à son poste, le départ de l'Impératrice.

XXVII

LA PENSÉE DU RÈGNE.

Problèmes sociaux que l'Empereur se propose de résoudre. — Il veut combattre le socialisme par le bien-être et par la moralité. — Telle fut sa politique intérieure. — Sacrifices immenses qu'il fit en vue de réaliser ce plan.—L'Empereur est mort pauvre. — Il a donné, sur ses biens personnels, quatre-vingt-dix millions. — Il veut rapprocher les partis politiques. — Légitimistes et orléanistes qu'il met au Sénat. — Caractère des grands travaux qu'il entreprend. — Son but en renouvelant la face de Paris. — Je lui présente les objections des départements contre ces travaux. — Réponse qu'il me fait. — Sa pensée et celle de M. Haussmann. — Ils croient que l'augmentation des revenus de Paris couvrira la dépense. — Total des dépenses faites en 1870.

L'histoire offre le spectacle d'une foule de princes qui règnent pour régner. On ne comprendrait pas le second Empire, si l'on ne démêlait pas, tout d'abord, les parties fondamentales du programme avec lequel l'empereur Napoléon III monta sur le trône, et dont il ne se départit jamais.

Sa première et capitale préoccupation, ce fut le problème de la misère. Il n'espérait pas la supprimer ; mais il voulut obstinément l'adoucir. « Tout homme auquel je procure l'aisance, me disait-il, est une recrue que j'enlève aux théories du socialisme. » Mais il ne voyait que trois sources fécondes d'où pût découler l'aisance : le travail, la vie de famille, les désirs réglés et bornés par la religion. Pendant toute la durée du règne, cette idée d'augmenter l'ordre social, en diminuant la misère, l'obséda et le passionna. Il y consacra des méditations infinies, des efforts constants et des sommes énormes, prises sur la liste civile, c'est-à-dire sur sa fortune privée.

Il veut, à tout prix, donner l'élan aux travaux de la campagne. Tantôt, on le voit visiter la Sologne, et y traîner avec lui des ingénieurs, des chimistes et des agriculteurs. Tantôt, il veut fertiliser les landes de Gascogne, et il couvre d'exploitations nouvelles, sept mille hectares de bruyères. Il dessèche des marais, construit des fermes, défriche d'immenses étendues, ensemence des dunes, distribue des charrues, subventionne les travaux des Trappistes des Dombes et de l'Algérie, et consacre *dix millions sept cent mille francs* de ses deniers à féconder le sol.

Il a la bonté de m'appeler à l'inauguration faite à la Bouheyre, de ses fermes des Landes ; et, sur son désir, M. Edmond About compose l'un de ses plus pittoresques romans, *les Échasses de Maître Pierre,* pour populariser la vie des pâtres et des résiniers de ces mornes déserts.

Il veut, avec la même passion, améliorer la condition des ouvriers des villes. Dans ce but, il bâtit, à Paris, à Lille, à Bayonne, des maisons dites *ouvrières,* pour les loger à bon marché, et il y consacre *un million et demi*. A côté du logement à bon compte, il veut placer la nourriture moins chère ; et, pour acclimater parmi les ouvriers la sage administration des salaires, il fait don d'un *demi-million* à la Société coopérative de Paris, et d'un autre *demi-million* à la Banque des sociétés coopératives de Lyon.

Toutefois, en suivant d'un regard sympathique la pauvreté ou la gêne parmi les ouvriers, il était loin d'y rester insensible, lorsqu'elles lui apparaissaient dans les classes qui passent pour aisées. Les registres du trésor impérial prouvent avec détail qu'il donna *onze millions* à des industriels, à des commerçants, à des personnes ne pouvant faire face à leurs engagements ; et ce don considérable est distinct de celui de *dix millions*, distribués par l'Impératrice, en œuvres de bienfaisance, et de celui de *trois millions et demi* versés aux sociétés de secours mutuels.

On pense bien qu'un lettré et un savant comme l'Empereur ne resta pas indifférent aux besoins des lettres ou des sciences. Les écrivains reçurent de lui *deux millions deux cent mille francs*, et les savants ou inventeurs *cinq millions et demi*.

Toute l'Europe sait aujourd'hui que l'Empereur est mort pauvre ; mais ce qu'on ne sait pas assez, c'est la cause de sa pauvreté. Or, cette cause, la voici : l'Empereur, par esprit de générosité, s'était dépouillé lui-même. En dix-sept ans et demi de règne, *il a donné* QUATRE-VINGT-DIX MILLIONS.

C'est là un fait consigné tout au long, avec des désignations personnelles, dans les registres de la liste civile ; et ce fait-là, ceux qui ont saisi les comptes aux Tuileries ne le démentiront jamais.

La seconde idée du programme avec lequel l'Empereur monta sur le trône, c'est le désir de fortifier, d'étendre l'empire des idées religieuses, sans toutefois subordonner la conduite de son gouvernement à l'influence du clergé. Il voulait lui conduire les âmes, non lui livrer les affaires.

C'est avec ce sentiment qu'il entra au pouvoir, après l'élection du 10 décembre 1848 ; et, lorsqu'il forma, le 20, son premier ministère, il s'en expliqua franchement avec M. Drouyn de Lhuys, qui prit la direction des affaires étrangères, et qui, sur ce point capital, partageait entièrement ses idées.

Le Prince et le ministre se mirent d'accord sur trois points, qui étaient les suivants : gouverner, au dehors, avec les traités ; au dedans, avec le respect des idées religieuses, d'un autre côté, avec des dispositions bienveillantes envers les anciens partis. Cet accord de vues trouva sa sanction dans la composition du cabinet, où M. Bixio, républicain, avait le commerce, M. Odilon Barrot, orléaniste, la justice, et M. de Falloux, légitimiste, l'instruction publique et les cultes.

Lorsque, le 6 février 1849, le Pape Pie IX, menacé dans sa liberté, dut se retirer à Gaëte, la question de l'indépendance du Saint-Siège s'imposa aux méditations du Prince et du gouvernement ; et l'unité de vues qui existait entre M. Drouyn de Lhuys ne la laissa pas longtemps indécise.

L'expédition d'abord, et ensuite le siège de Rome, furent résolus, au milieu des résistances séditieuses de la Chambre et des hésitations du cabinet. Rome et la Papauté furent délivrées, et Pie IX remonta librement sur son trône.

C'est par le rétablissement du chef de la catholicité sur le siège de Pierre, avec la plénitude de son pouvoir de souverain et de pontife, que le futur empereur témoigna de son attachement et de son respect pour les idées religieuses. Son œuvre renouvelait et complétait celle du Premier Consul, son oncle, rétablissant la liberté des cultes en France par l'acte du Concordat.

La conciliation envers les hommes appartenant aux anciens partis faisait partie du programme arrêté, le 20 décembre 1848, entre le Prince et M. Drouyn de Lhuys, et ce programme avait reçu une première sanction par l'entrée de M. de Falloux au ministère de l'instruction publique, à côté de ses collègues orléanistes ou républicains, qui recevaient les autres portefeuilles. La formation du Sénat en offrit une pratique large et loyale. M. le marquis de Pastoret, M. le marquis de la Rochejacquelein et M. le duc de Mouchy y représentèrent les illustrations de l'ancien régime ; et les hommes qui avaient commencé ou complété, sous le roi Louis-Philippe, leur légitime célébrité, comme les Magne, les Barthe, les Delangle, les deux Dupin, y trouvèrent place à côté des anciennes et des nouvelles fidélités de l'Empire, les Las Cases, les Bassano, les Lucien Bonaparte et les Persigny.

Telles furent les trois idées mères avec lesquelles Napoléon III monta sur le trône : procurer l'aisance aux familles d'ouvriers, consolider les idées religieuses, réunir en un faisceau les hommes honnêtes de tous les partis.

A ces trois idées, l'Empereur en associa une quatrième, peut-être moins capitale, mais qui occupa une place énorme dans sa politique : c'est la transformation de Paris.

C'était une idée ancienne et favorite. Avant qu'il fût Empereur, son esprit en caressait la réalisation. Lorsque, au mois de mai 1852, il envoya M. le baron de Heeckeren, à Vienne, pour y pressentir les dispositions des souverains du Nord, au sujet du rétablissement éventuel de l'Empire, il lui avait dit : « Assurez-les bien que je n'ai nulle intention de faire la guerre ; je veux m'occuper surtout de développer le travail à l'intérieur ; et, si l'Europe me laisse la paix, je ferai de Paris la plus belle ville du monde. »

A toute grande idée, il faut au moins deux hommes : celui qui la conçoit, et celui qui l'exécute. L'Empereur chercha longtemps son homme, et ne le trouva que le 24 juin 1853. Ce jour-là, M. Haussmann, préfet de la Gironde, prit la place de M. Berger, préfet de la Seine. L'idée cheminait déjà ; le 4 mars 1852, la partie du futur boulevard de Strasbourg qui va du boulevard Saint-Martin à la gare du Nord avait été ordonnée ; le 18 du même mois, Visconti était chargé d'achever le Louvre, et le 15 décembre, la rue de Rivoli était inaugurée.

L'Empereur connaissait, pour les avoir vues à l'œuvre, l'intelligence et l'active fermeté de M. Haussmann. Comme pour l'avoir sous la main, en vue de ses desseins ultérieurs, il l'avait placé, vers la fin de 1851, à la préfecture de l'Yonne. Il y était la veille du coup d'État. Une dépêche le manda, le 1ᵉʳ décembre, à l'Élysée; et il assista à la célèbre soirée qui se termina par les préparatifs. Le Prince, l'apercevant, lui fit signe de le suivre dans le premier salon conduisant à son cabinet, et là, pour toute confidence, il lui dit : « J'ai besoin de vous à Bordeaux, et je viens de signer votre nomination à la préfecture de la Gironde. Préparez-vous dès ce soir; et, demain matin, avant le jour, présentez-vous au ministère de l'intérieur, où l'on vous remettra vos instructions. Partez aussitôt après les avoir reçues. » Après ce court entretien, et sans plus d'explications, le Prince le congédia.

M. Haussmann cherchait dans son esprit le sens possible de cette confidence, à la fois si nette et si réservée, lorsqu'il aperçut, dans le premier salon où il était retourné, M. de Thorigny, ministre de l'intérieur. Il alla le saluer, et crut naturel de lui dire qu'il ne manquerait pas d'aller le voir le lendemain matin, avant le jour. A l'étonnement qui se peignit sur le visage de M. de Thorigny, sur l'annonce d'une visite si matinale, M. Haussmann comprit qu'il mettait le pied sur un terrain dangereux, et qu'il était prudent de battre en retraite, crainte de compromettre une situation dont il n'avait pas la clé. Il rentra immédiatement chez lui, plus résolu que jamais à devancer l'aurore au ministère de l'intérieur; et, pour être sûr de son fait, il eut la précaution de faire retenir une voiture. A six heures et demi précises, et avant le jour, le 2 Décembre, M. Haussmann entrait dans la cour de l'hôtel de la rue de Grenelle. Il avait aperçu, en chemin, des troupes et des canons, et un bataillon de chasseurs de Vincennes était rangé dans la cour, l'arme au pied. Ces circonstances venaient ajouter encore un peu plus d'inconnu à l'énigme de la veille; mais, bien persuadé qu'on lui expliquerait le tout en même temps, il gravit le perron, et demanda à voir le ministre.

Les huissiers de service, qui le connaissaient bien, lui demandèrent, avec un sourire contenu, quel était le ministre qu'il désirait voir. — Mais apparemment, répondit M. Haussmann, je ne viens pas demander au ministère de l'intérieur le ministre de la marine ou celui de la guerre. — C'est que, répliquèrent les huissiers, il y a deux ministres : celui d'hier, qui est encore dans son lit; et M. de Morny, le ministre de ce matin, qui est dans son cabinet.

— Alors, dit bien haut M. Haussmann, c'est M. de Morny que je viens voir. Sur ces mots, la porte du cabinet de M. de Morny s'ouvrit, et le ministre s'avança vers le nouveau préfet en lui tendant les deux mains.

— Vous êtes avec nous? dit vivement M. de Morny. — Je dois être avec vous, répondit en riant M. Haussmann, quoique je ne sache pas de quoi il s'agit; mais le Prince m'a dit hier soir que vous me donneriez mes instructions, et je viens vous déclarer que lui et vous, vous pouvez compter sur moi.

Là-dessus, M. de Morny et M. Haussmann eurent un entretien, durant lequel les circonstances furent pleinement expliquées. Le préfet de Bordeaux reçut des pouvoirs extraordinaires, qui le plaçaient provisoirement au-dessus de toutes les autorités, civiles et militaires; et, après avoir écrit à Mme Haussmann, restée à Auxerre, de venir le joindre à Bordeaux, il partit par le premier train du chemin de fer qui, à cette époque, ne dépassait pas Poitiers.

Bordeaux est une ville qui, de tout temps, s'est montrée susceptible au point de vue des opinions politiques, et veut être maniée avec habileté. On sait qu'en 1815, elle offrit un asile à Mme la duchesse d'Angoulême, et l'on n'a pas oublié qu'en 1848, elle refusa deux fois de recevoir M. Latrade, que M. Ledru-Rollin lui envoyait comme préfet. La première fois, M. Latrade fut prié poliment de s'en aller, ce qu'il fit; mais il revint par ordre du ministre : alors les ouvriers du port se fâchèrent, la préfecture fut envahie, et le préfet se sauva par les toits, jusqu'au bord de la rivière, d'où une barque le porta nuitamment à Lormont.

La nouvelle des événements du 2 décembre remuait naturellement les esprits à Bordeaux, comme ailleurs, et M. Haussmann trouva la ville un peu émue. M. Gautier était maire, M. Devienne était procureur général, et le général d'Arbouville commandait la division. Le nouveau préfet constata des velléités et des préparatifs, non de résistance ouverte, mais d'agitation, restes affaiblis du vieux levain séparatiste, qui a longtemps travaillé Bordeaux; mais, par sa modération de langage et par sa fermeté de caractère, M. Haussmann sut obtenir de tous les pouvoirs un concours, qu'au besoin il n'eût pas hésité à demander à la force ; et, sous son administration prudente, habile et ferme, Bordeaux, ralliée à la politique du 2 décembre, devint cette ville dévouée et enthousiaste du 9 octobre, qui mérita de recevoir, la première, la confidence du rétablissement de l'Empire.

Tel était l'homme auquel l'Empereur confia l'œuvre colossale et immortelle de la transformation de Paris ; œuvre qui n'a pas son égale dans le monde ; qui exigea dix-sept ans de travaux gigantesques, et que le régime qui s'est substitué à l'Empire continue avec humilité, tout en la répudiant avec orgueil.

L'opinion publique fut frappée de cette vaste entreprise, et la province commença à s'en émouvoir. L'Empereur, qui admettait la discussion sur toutes choses, lorsqu'il n'était pas le premier à la provoquer, trouvant quelque réticence dans deux phrases échangées entre lui et moi, au sujet de ces vastes projets, me dit brusquement : « Quelles sont donc vos objections ? — Sire, lui répondis-je, puisque Votre Majesté me le permet, je les lui dirai. J'en ai de deux sortes : les miennes, et celles de mon conseil général.

« J'ai vu, sous le roi Louis-Philippe, Paris encombré par les ouvriers qu'y avaient attirés les travaux des fortifications. Beaucoup d'entre eux, et les moins bons, y sont restés, au détriment de l'ordre et de la sécurité publique. Je sais que votre gouvernement ne tolérerait rien qui ressemblât aux ateliers nationaux ; mais l'ouverture de ces immenses chantiers m'inquiète. Les récoltes ne sont pas régulièrement abondantes ; le pain est déjà bien cher cette année ; la tendance de Paris à devenir ville industrielle, à raison des capitaux qui y abondent, se fortifiera bien davantage, lorsque la main-d'œuvre y abondera aussi ; et, au point de vue politique, j'aimerais mieux voir décentraliser les travaux, que de les accumuler dans une ville comme Paris, où le ferment politique ne cesse jamais son travail. Je connais les vues de l'Empereur à l'égard des populations ouvrières ; l'aisance conquise à l'aide du travail en maintiendra beaucoup dans les idées d'ordre ; mais les cadres du socialisme, brisés en France, subsistent à l'étranger ; et l'accumulation des masses ouvrières sera toujours favorable à la propagande révolutionnaire. Sire, vous avez éteint bien des foyers. Il reste encore du bois pour en alimenter un plus grand que tous les autres, si les passions concentrées à Paris ont jamais intérêt à l'allumer.

« Voilà mes raisons personnelles ; voici celles qui préoccupent mon conseil général.

« Ce sont des propriétaires sans fermiers, cultivant eux-mêmes leurs biens. Il leur faut des bras, à des prix accessibles ; or, la main-d'œuvre devient rare, et partant chère. L'ouvrier commence à émigrer vers les villes : mes compatriotes redoutent les grands travaux de Paris. Passe encore pour les travaux des chemins de fer ; ils ont le sentiment du bien-être qu'ils en retireront pour l'agriculture ; mais le bénéfice à recueillir des travaux de Paris leur paraît moins clair. Mes compatriotes campagnards vous aiment bien, Sire ; tous ceux qui, ne pouvant marcher, ont pu trouver une voiture ou un cheval, sont allés vous saluer à Toulouse ; ils savent bien que vous n'êtes pas ingrat ; mais ils craignent que vous vous abusiez sur la manière de leur faire du bien. »

Voici ce que l'Empereur me répondit ; je suis sûr des idées, et à peu près des termes :

« Les propriétaires ruraux de votre pays tiennent, en ce moment, le langage de tous les autres. Je vous prédis qu'ils ne persisteront pas dix ans dans la même erreur. Grâce aux agrandissements et aux embellissements que je médite, Paris deviendra un tel centre d'attraction, que les chemins de fer, exécutés parallèlement, en feront le premier marché d'approvisionnement du monde. Tout ce que les difficultés, les longueurs et les frais de transport en éloignent, y viendra. Vous mangerez à Paris les œufs frais de votre basse-cour ; les fruits, les volailles, les légumes des départements les plus éloignés y arriveront, la nuit, pendant que vous dormirez ; et vous serez tout étonnés, à votre réveil, de déjeuner avec du lait venu de Falaise, ou des petits pois cueillis à Perpignan. Avant dix ans, les ménagères des villes de province se plaindront de ce que le marché de Paris leur enlève tout. Ah ! oui, sans doute, le prix de la main-d'œuvre augmentera dans les campagnes ; mais je ferai gagner à la terre de quoi payer cette augmentation. Je ne demande à votre conseil général qu'un peu de patience ; dites-lui de me faire crédit pendant dix ans.

« Vos objections à vous sont plus sérieuses. Oui, je sens bien comme vous que j'attirerai à Paris beaucoup d'ouvriers, et que tous ne seront pas reconnaissants du bien que je leur ferai. S'ils ne savaient par expérience comment je mène les brouillons, plus d'un serait peut-être tenté de recommencer ; mais tenez pour certain que tant que je vivrai, les émeutiers resteront en repos. Donc, ne redoutez pas ces agglomérations inévitables, et dans lesquelles, au demeurant, le bon balancera au moins le mauvais.

« La transformation de Paris est le complément nécessaire du réseau de chemins de fer dont je veux couvrir la France, et qui, en un temps donné et prochain, se souderont aux chemins étrangers. Que deviendraient ces flots de voyageurs jetés dans une ville qui n'est pas percée en vue de les recevoir ? Où seraient les voitures pour les distribuer dans les divers quartiers, et les hôtels pour les loger ? Et puis, peut-on songer à attirer les étrangers à Paris, pour leur montrer des quartiers infects, sans air et sans soleil ? D'ailleurs, on ne va que là où l'on se plaît ; il faut qu'on se plaise à Paris. Je ferai de vastes parcs bien aménagés, bien arrosés, bien percés, avec les bois embroussaillés et poussiéreux de Boulogne et de Vincennes ; je sèmerai des squares à travers la ville, et je ferai un parterre des Champs-Élysées. Je sais que l'on critiquera, que l'on se plaindra. Le paysan, dont on coupe la vigne pour faire passer une ligne de rails, pousse des cris perçants ; le propriétaire parisien dont on détruit le nid à rats, pour élever le Louvre, gémit d'être obligé de déménager ; quand mon œuvre sera achevée, on me rendra justice ; et, si les partis m'attaquent dans le présent, les chemins de fer de la province et les monuments de Paris me défendront dans l'avenir. »

Et l'Empereur se levant, après cet entretien, me montra de grandes feuilles couvertes de dessins. C'étaient le bois de Boulogne achevé et le bois de Vincennes esquissé. Il avait voulu faire de Paris la Ville par excellence, l'*Urbs,* comme les Romains disaient de Rome ; et lorsque, après avoir médité son projet, l'Empereur chargea M. Haussmann de l'exécuter, il lui remit un plan de Paris, sur lequel il avait tracé lui-même les voies à ouvrir, les squares à créer, les avenues à percer, les arbres à planter, les fontaines à élever. En principe, la transformation de Paris est donc son œuvre.

Je me garderai de raconter les travaux de Paris ; seulement, le lecteur pourrait désirer savoir ce qu'ils ont coûté ; je vais le lui dire, d'après les chiffres que m'a donnés M. Haussmann.

L'Empereur et M. Haussmann avaient espéré que la transformation de Paris se ferait *sans bourse délier,* c'est-à-dire à l'aide des bénéfices d'octroi que cette œuvre immense donnerait à la ville. Ils ne s'étaient pas trompés, comme on va voir.

A la fin de 1852, époque où M. Berger céda la place à M. Haussmann, les recettes ordinaires de Paris étaient de 52 millions 618 mille francs.

En 1860, elles furent de 105 millions 115 mille francs.

En 1867, elles s'élevèrent à 152 millions 304 mille francs.

En 1869, elles atteignirent 231 millions 823 mille francs.

La théorie de l'Empereur et de M. Haussmann était donc vraie ; et, à la longue, Paris aurait payé les dépenses de sa transformation avec les excédents de ses revenus.

La totalité de ces dépenses, y compris la banlieue, s'éleva à 2 milliards 115 millions.

M. Haussmann avait cru juste d'en faire payer une moitié par le présent, et d'en mettre l'autre moitié à la charge de l'avenir.

Qu'avait *payé* M. Haussmann, le jour de son départ? — 1 milliard 68 millions.

Que laissait-il à l'avenir? — 1 milliard 47 millions.

Sans la guerre, et en *dix-sept* années, le système de M. Haussmann aurait donc tout soldé, et Paris serait devenu, sans bourse délier, ce que l'Empereur voulait le faire et l'a fait, la plus belle ville du monde.

Je viens de raconter ce que fut, sous ses diverses formes, la pensée du règne.

Elle eut, comme instruments d'une immense efficacité, deux institutions de crédit colossales : le *Crédit foncier*, créé le 18 mars 1852, et le *Crédit mobilier*, créé le 25 du même mois. L'action de ces deux établissements sur le développement des travaux de tout genre fut immédiate et incalculable.

XXVIII

LA GUERRE DE CRIMÉE.

Caractère énigmatique des troubles en Orient. — Leur vraie nature reste longtemps ignorée. — La mission du prince Menschikoff fait connaître les vues du czar. — Il veut s'emparer de l'Empire Ottoman. — Révélations inattendues du chargé d'affaires anglais à Saint-Pétersbourg. — L'empereur Napoléon se porte défenseur des traités. — L'Angleterre approuve sa politique. — Réunion des flottes alliées dans les eaux de la Grèce. — Inquiétudes de l'Europe et des hommes d'État. — Opinion de M. Guizot et de M. de Lamartine. — L'Autriche se rallie à la politique de la France. — La Prusse suit l'exemple de l'Autriche. — Je travaille avec M. Drouyn de l'Huys. — Sagesse et fermeté de sa politique. — L'Empereur est disposé à me nommer historiographe de France.

De tous les logogriphes qui peuvent avoir exercé l'intelligence et la curiosité des peuples, la guerre de Crimée me paraît sans conteste le plus étrange et le plus formidable.

Cette lutte offrit en effet ce caractère sans exemple, qu'après une année de négociations et même de préparatifs militaires, la France et l'Angleterre ne connaissaient pas encore d'une manière certaine les véritables causes d'une guerre devenue d'ailleurs inévitable.

On crut d'abord, vers le 1er mars 1853, que l'empereur Nicolas voulait usurper sur nous la protection traditionnelle des Lieux-Saints ; et l'affaire se présenta dans les premiers moments avec l'aspect d'une question française. C'était une première illusion.

En effet, on fut détrompé le 5 mai ; le prince Menschikoff remit à la Porte un ultimatum, dans lequel il sommait le sultan de lui abandonner le protectorat politique des Grecs, ce qui équivalait à lui enlever treize millions de ses fidèles sujets. La question devenait donc turque d'abord, et européenne ensuite, car le sultan ne pouvait pas céder à un autre souverain les deux tiers de son peuple, d'abord sans abdiquer, et sans détruire ensuite l'équilibre des États, en abdiquant.

C'était encore une seconde illusion, et qui dura beaucoup plus longtemps que la première.

Elle fut même poussée à un point extrême, et qu'on n'avait encore jamais vu. L'Europe était dans l'anxiété la plus profonde, redoutant un avenir plein de mystère. Après treize mois de négociations, quarante vaisseaux de ligne français et anglais étaient dans la mer Noire, avec deux mille bouches à feu ; une armée anglaise de débarquement se préparait, sous les ordres de lord Raglan ; le maréchal de Saint-Arnaud quittait, le 11 mars 1854, le ministère de la guerre, pour prendre le commandement de l'armée d'Orient ; enfin, le 21 mars, le lendemain du jour où le général Canrobert partait pour Gallipoli, chargé d'aller tracer, construire et armer en toute hâte les lignes de Boulair, l'énigme colossale était expliquée.

Le cabinet anglais, par un acte de résolution suprême, imprévu et foudroyant, communiquait au parlement, à la presse et au monde, les dépêches *secrètes* adressées par Sir Henri Seymour, son chargé d'affaires à Saint-Pétersbourg, à lord John Russell, dépêches dans lesquelles étaient racontées par le menu les offres opiniâtres faites par le czar de se charger de détrôner le sultan, et de partager amicalement l'empire ottoman avec l'Angleterre.

Trois jours après, le 23 mars, le *Moniteur* complétait la révélation, en disant, avec toute la clarté nécessaire, qu'après le refus de la reine Victoria, le czar avait fait offrir à l'empereur Napoléon III, et sans plus de succès, de partager l'empire ottoman avec la France.

On savait donc enfin, mais après une année d'illusions, la véritable cause de la guerre. L'empereur Nicolas ne se souciait réellement ni de la protection des Lieux-Saints, ni du protectorat des Grecs : il voulait s'emparer de Constantinople et de l'empire ottoman; et c'est pour n'avoir pas voulu le partager avec lui, que la France et l'Angleterre allaient tirer l'épée.

C'est ici que va être soumise à sa première épreuve la célèbre parole de Bordeaux : « L'Empire, c'est la paix! » Cette parole va-t-elle être démentie? — Non. L'Empereur ne voulait pas, ne cherchait pas la guerre. Elle s'imposa à lui d'abord, à l'Angleterre ensuite, et il fallait que la cause en fût bien impérieuse, pour rompre, comme elle le fit, les liens de gratitude de l'Autriche, les liens de parenté de la Prusse, pour dissoudre la vieille alliance des cours du Nord, et faire entrer Vienne et Berlin dans la voie ouverte par un Napoléon.

La question française, c'est-à-dire le maintien de la protection des Lieux-Saints traditionnellement acquise à la France, avait été résolue favorablement et par voie diplomatique, grâce au concours du Père Eugène Boré, supérieur de la grande Mission des Lazaristes en Orient, ainsi qu'aux intelligentes démarches de M. Paul-Emile Botta, alors notre consul à Jérusalem, et de M. Cor, premier drogman de l'ambassade de France à Constantinople ; les clés de l'église de Bethléem avaient été remises solennellement au marquis de La Valette, notre ambassadeur. On devait donc croire au maintien de la paix. L'arrivée bruyante du prince Menschikoff, à Constantinople, le 28 février, sa prétention insolite d'être reçu, le 2 mars, par le sultan, sans avoir accompli les formalités d'usage, firent naître les premières appréhensions. M. de La Valette ne s'y trompa pas ; il écrivit à M. Drouyn de Lhuys : « Un tel fracas, sans cause sérieuse apparente, c'est la guerre la plus inévitable de toutes, la guerre préméditée. » L'événement prouva la vérité de cette appréciation.

Sur un tel avertissement, on réfléchit, et le conseil de l'Empereur délibéra. L'opinion publique, qui venait de mordre aux affaires et qui voulait la paix, trouva que M. de La Valette avait trop réussi. On le sacrifia, par un sentiment de conciliation envers la Russie, et il prit congé du sultan le 24 mars ; mais en même temps, on se résolut à des précautions nécessaires, et, dès le 20, l'escadre de Toulon reçut ordre de se rendre dans les eaux de Salamine. Elle appareilla le 23. L'escadre anglaise alla se réunir à elle le 10 juin. On était en observation, en attendant les événements. On ne les attendit pas longtemps ; dès le 3 juillet, l'armée russe passait le Pruth.

Dès que la prétention de l'empereur Nicolas d'enlever au sultan le protectorat de treize millions de sujets, c'est-à-dire en réalité de lui prendre sa couronne, fut connue, la question du partage de la Turquie se trouva posée. Napoléon III, qui venait à peine de monter sur le trône, se demanda si la France pouvait, sous son sceptre, permettre une telle violation des traités, et autoriser par sa faiblesse un acte qui aurait égalé l'abaissement de Louis XV, assistant impassible au partage de la Pologne. Il ne le crut pas possible.

Dans le mémorable conseil qui eut lieu, à ce sujet, le 19 mars, M. de Persigny s'éleva à une hauteur de vues et de patriotisme dont il est juste de faire bénéficier sa mémoire.

Il fit observer que le second Empire ne pouvait pas être inauguré par un abandon des droits et de la dignité du pays. Les États européens existaient en vertu d'une possession et de traités dont la France était garante, au même titre que les autres grandes puissances. Aucun de ces États ne pouvait donc disparaître sans son consentement. Or, c'était bien la disparition de l'empire ottoman qui était contenue dans la demande du représentant de la Russie. La France, en protégeant la population des couvents latins, se bornait à faire jouir de la sécurité stipulée dans des capitulations séculaires quelques pèlerins ou quelques moines, siciliens ou italiens pour la plupart, et qui n'étaient pas sujets du sultan ; la prétention de protéger politiquement douze ou treize millions de Grecs schismatiques, établis dans la Turquie d'Europe ou dans la Turquie d'Asie, et de nommer leur patriarche, équivalait à proclamer la déchéance du sultan, en détruisant sa souveraineté sur la majorité de ses sujets. Cette juridiction religieuse et morale poursuivie par le czar entraînerait nécessairement l'emploi du bras séculier ; présent à Constantinople de son autorité, le premier conflit y appellerait la présence de ses armes.

Le czar obéi dans sa revendication, c'était l'Empire ottoman détruit. La France, même isolée des autres puissances, ne pouvait pas tolérer cette iniquité. Si cet État était ainsi supprimé, où serait la sécurité des autres? Il fallait donc, s'il y avait lieu, prendre les armes pour défendre le *statu quo* européen, maintenir les traités et faire prévaloir le droit contre la force. Il n'y avait même pas à craindre que l'Europe abandonnât à la France toute seule ce noble patronage; mais l'honneur de la tâche était si grand, qu'il méritait d'être acheté par de grands périls.

Le second Empire, encore nouveau sur la scène du monde, et inaugurant sa politique en tirant l'épée pour maintenir l'ordre général, acquerra par cela même l'estime et la reconnaissance des peuples; le courage de l'armée s'exaltera, en recevant une si glorieuse mission. Il ne faut donc pas hésiter à faire, s'il y a lieu, une guerre juste et honorable ; de peur que le sentiment national et le sentiment militaire, humiliés par un acte d'abstention égoïste et de pusillanimité, ne jettent plus tard l'Empereur et le pays dans des entreprises moins justifiées.

Ces sentiments furent partagés par le Conseil et sanctionnés par l'approbation de l'Empereur ; et, dès le lendemain, l'ordre était donné à l'escadre de Toulon de se rendre dans les eaux de la Grèce, et d'y attendre des instructions.

Je dois dire que les esprits s'émurent profondément en apprenant le départ de la flotte. Le prestige de la Russie, dont on savait les rapports traditionnels et étroits avec les deux autres grandes cours du Nord, était alors immense; et, l'on était universellement persuadé que l'attitude de la France n'attiédirait en rien les desseins du czar. La guerre parut donc inévitable dès la première heure, étant donné les caractères des deux empereurs. L'Angleterre ne s'était pas encore prononcée, et les hommes politiques se donnaient carrière, en cherchant à pressentir sa détermination.

M. Guizot était inquiet de l'avenir. « C'est la destinée des Bonaparte d'aimer et de vouloir la guerre, me disait-il alors. Voyez l'Empereur, il obéit déjà à la fatalité qui pèse sur sa race; l'instinct de la guerre le pousse en avant ; Dieu veuille qu'il ne l'emporte pas ! » M. de Lamartine, qui n'était pas bienveillant pour l'Empereur, augurait fort mal de la situation. Je le vois et l'entends encore, dans le cabinet de M. Mirès, alors propriétaire du *Constitutionnel* et du *Pays*, un jour que le grand poète était venu proposer un travail à publier. Il aimait à professer, et sa parole avait un grand charme de forme et de sonorité. Il fit un tableau de la guerre prochaine, durant laquelle les trois cours du Nord restaient unies contre nous. L'Angleterre, notre alliée cauteleuse, nous aidait à moitié, mais sans nous rendre assez forts pour résister à l'action combinée de la Russie, de la Prusse et de l'Autriche ; et finalement, l'empire ottoman, démembré malgré nous, mettait Constantinople aux mains du czar, l'Égypte aux mains de l'Angleterre, et laissait la France, pauvre Don Quichotte berné avec Sancho, face à face avec la défaite et la honte.

On sait que Dieu mit la force du côté du droit, et que la première guerre de Napoléon III amena le congrès de Paris, et l'heureuse entente de l'Europe, scellée par la paix générale, en 1856.

Quatre grandes personnalités furent mises en relief par la guerre de Crimée : M. Drouyn de l'Huys, le maréchal de Saint-Arnaud, le général Canrobert, le général Bosquet, et le vainqueur de Sébastopol, le maréchal Pélissier, duc de Malakoff.

J'ai déjà raconté comment et avec quels sentiments M. Drouyn de Lhuys était devenu, le 20 décembre 1848, ministre du prince Louis-Napoléon. Homme grave, instruit, bienveillant, et d'une grande fermeté de caractère, il était allé autrefois, sans hésiter, au-devant d'une révocation inévitable, lorsque, directeur au ministère des affaires étrangères et député, il vota contre la politique de M. Guizot, dans l'affaire ridiculement importante suscitée, en 1845, par le docteur Pritchard, accoucheur et ministre de la reine Pomaré. Il n'hésita pas davantage en 1855, lorsque la solution des affaires d'Orient, qu'il avait soutenue aux conférences de Vienne, ne fut pas agréée par l'Empereur.

M. Drouyn de Lhuys est, après M. Guizot, le ministre des affaires étrangères avec lequel j'ai le plus travaillé. Avec M. Guizot, je défendais la politique générale du gouvernement ; avec M. Drouyn de Lhuys, j'exposais dans le *Constitutionnel* les principes et je suivais les phases de ses négociations. L'Empereur connaissait et approuvait ma discrète collaboration, dont je parle aujourd'hui pour la première fois.

La manière de travailler de M. Drouyn de Lhuys ressemblait beaucoup à celle de M. Guizot. Il exposait, comme lui, la question avec la plus grande clarté, et rangeait les arguments dans l'ordre le plus propre à leur permettre de s'appuyer et de se faire valoir réciproquement. Il me disait tout ce que devait savoir le journaliste, pour être instruit de la question, et même ce que pouvait apprendre le confident, pour éviter de trahir la source de ses informations. Il m'est resté le plus charmant souvenir de la courtoisie qui présidait à ces conférences, auxquelles je dus d'être initié même aux parties intimes des négociations qu'amena la guerre d'Orient. Je pus ainsi apprécier l'habileté digne, ferme et honnête, avec laquelle M. Drouyn de Lhuys les conduisit. Et la tâche n'était pas aisée. Il s'agissait d'amener l'Europe à reconnaître le désintéressement de l'Empereur, alors méconnu par plus d'un, et de rendre évidente cette vérité, qu'en lançant la France dans une guerre redoutable, il n'avait d'autre pensée que de défendre les traités, de maintenir l'ordre, la paix, la notion du droit, et d'épargner à l'Europe l'interminable conflagration qu'eût amenée la destruction de l'Empire ottoman, opérée contre toute justice, au profit d'une puissance colossale.

L'Angleterre reconnut tout d'abord le caractère essentiellement conservateur de la politique française en Orient, et elle s'y associa. Il fut un peu plus long d'y gagner l'Autriche, un peu plus long encore d'y gagner la Prusse, mais, dès que le faisceau des quatre puissances fut formé, l'empereur Nicolas vit bien que la paix allait s'imposer, et il ne combattit plus que pour la dignité de sa parole et l'honneur de ses armes.

L'empereur Napoléon III croyait à l'efficacité de l'intervention personnelle des souverains dans les difficultés survenues entre leurs États. Il y recourut deux fois, après l'ouverture des négociations relatives aux affaires d'Orient : la première fois, par une lettre confidentielle au czar, dès l'apparition des difficultés; la seconde, par la lettre publique adressée au même souverain, au mois de décembre 1853, après la destruction de la flotte turque par l'escadre russe, sur la rade de Sinope. M. Drouyn de Lhuys, qui avait reçu la confidence de la première lettre, croyait les desseins de la Russie trop arrêtés pour être influencés par l'intervention impériale; il la déconseilla donc respectueusement, mais sans réussir à l'empêcher. L'événement donna raison au ministre; la réponse du czar fut très courtoise, mais sans résultat effectif. L'Empereur en fut étonné et même affligé, mais il n'en conserva aucune aigreur.

La lettre sur le massacre de Sinope, insérée au *Moniteur*, était une page admirable. L'empereur Napoléon y exprimait avec la plus grande dignité de langage l'impression douloureuse qu'avait dû produire sur l'esprit de la flotte française, alors mouillée dans le Bosphore, l'écho du canon russe, détruisant sur une rade voisine, et presque à sa vue, les vaisseaux d'un allié, au mépris de notre pavillon. Elle ne dissimulait pas l'imminence de terribles représailles, imposées à l'honneur de nos armes, par une agression qui était encore un défi.

L'effet de cette lettre sur les esprits fut immense. M. de Persigny, dont l'esprit était élevé et le cœur chaud, prit immédiatement la plume, et m'adressa, de son cabinet de l'intérieur, une note qu'il me priait de développer dans le *Constitutionnel*, et que j'ai encore.

« Ce que nous approuvons surtout dans la lettre de l'Empereur, — disait-elle, — c'est d'avoir inauguré un nouveau système, dans les rapports de souverain à souverain. Jusqu'ici, les lettres autographes des chefs d'Etat étaient choses secrètes et mystérieuses, que les regards des peuples ne devaient jamais pénétrer. L'empereur Napoléon, le premier, a cru que, dans la situation où se trouve l'Europe, ce ne sont pas seulement les souverains qui sont en présence, mais les nations elles-mêmes, et qu'il importe à l'Europe que, dans cette grande crise, tous les éléments du conflit soient publiquement exposés. »

M. Drouyn de Lhuys avait alors près de lui, dans son cabinet, un homme fort distingué, qui a fourni depuis une belle carrière, M. le comte de Chaudordy. C'était déjà un esprit élevé, délicat, de rapports agréables. Il était, aux jours où le travail me retenait chez moi, l'intermédiaire du ministre. Je ne résiste pas au plaisir de reproduire, parmi ses billets, l'un de ceux où se peint le mieux la courtoisie de son chef et la sienne :

« Monsieur, voudriez-vous venir nous voir, à partir de ce moment jusqu'à cinq heures ? Mille regrets de ne pas nous être rencontrés ; mais je suis chargé de vous prier de vouloir bien faire une nouvelle démarche aujourd'hui. Votre tout dévoué.

« Comte de CHAUDORDY. »

Ma modeste collaboration dans les affaires d'Orient me valut un grand honneur, et pouvait m'en valoir deux.

Je reçus, au commencement de mai 1856, la lettre suivante :

« Monsieur, pendant toute la complication orientale, vous n'avez cessé de consacrer votre plume, avec talent et courage, à la cause de l'ordre, de la paix et de l'alliance intime et cordiale entre l'Autriche et la France. Votre mérite n'a pu manquer de fixer l'attention de l'Empereur, mon auguste souverain. Je suis heureux, Monsieur, de pouvoir vous annoncer que Sa Majesté, voulant vous donner une marque de son estime pour votre personne et de sa haute satisfaction, a daigné vous conférer la croix de commandeur de son ordre de François-Joseph.

« Je m'empresse de vous en remettre ci-joint les insignes, en me réservant de vous faire parvenir, dès que je l'aurai reçu, le décret de la chancellerie de l'Ordre.

« Veuillez recevoir, Monsieur, avec mes félicitations pour la distinction dont vous avez été l'objet, l'assurance de ma considération très distinguée.

« *L'envoyé d'Autriche,*

« Baron de Hubner. »

Le second honneur n'eût pas été moins grand si, après l'avoir sollicité et virtuellement obtenu, je n'avais pas reculé devant les obligations qui y étaient attachées.

Pendant le mois qui suivit le rétablissement de l'Empire, l'Empereur termina un entretien par ces gracieuses paroles : « Vous m'avez été toujours bien dévoué ; que désirez-vous que je fasse pour vous ?

— Sire, je ne puis désirer comme récompense que l'honneur de conserver les rapports que Votre Majesté m'a permis d'avoir avec elle depuis trois ans, et de la servir sans m'en séparer. Je n'ai aucun goût pour les fonctions publiques. Lettré par choix, journaliste par occasion, je n'ai d'autre ambition que de continuer ma carrière, sauf à essayer de devenir orateur, après avoir à peu près réussi à devenir écrivain. Toutefois, puisque l'Empereur daigne m'offrir un témoignage de sa bonté, j'accepterais avec plaisir une récompense qui rentrerait dans l'ordre de mes travaux : ce serait d'être Historiographe de France.

— Ah ! et comment comprendriez-vous vos fonctions ?

— Sire, j'écrirais d'abord l'histoire de votre règne; et

puis, je pourrais rédiger, pour les archives du ministère des affaires étrangères, des mémoires résumant les négociations importantes.

— Mais, votre idée me plaît, reparlez-m'en. »

J'ajournai la reprise de cette conversation ; mon projet me revint à l'idée, pendant mes longues conférences avec M. Drouyn de Lhuys.

Je lui racontai mon entretien avec l'Empereur, et l'invitation qui l'avait terminé. Il me fit l'honneur de me dire qu'il approuvait mon dessein, et il eut la bonté de m'offrir d'en proposer la réalisation, aussitôt que cela pourrait m'agréer. L'offre était si gracieusement faite, que je ne voulus pas en presser l'accomplissement. Puis, je réfléchis au travail nouveau, aux obligations, à l'attache officielle. Tout cela me refroidit ; et voilà comment je ne devins pas Historiographe de France, faisant suite à Mézeray, à Racine, à Boileau, à Voltaire et à Duclos.

XXIX

LE MARÉCHAL DE SAINT-ARNAUD.

Une lettre du général Changarnier. — La mort du général Cornemuse.

La seconde figure qui se détache, et avec plus de relief qu'aucune autre, du cadre de la guerre d'Orient, c'est le maréchal de Saint-Arnaud.

Je l'avais connu, après le 2 décembre, à l'Élysée; nos relations devinrent plus familières, dès le mois de mai suivant, lorsque l'Empereur nous eût présentés l'un à l'autre; voici à quelle occasion :

Le général Changarnier, réfugié à Malines, venait d'écrire, au ministre de la guerre, une lettre de la dernière violence, pour lui dire qu'il refusait le serment prescrit par la Constitution. Sa colère avait couvert huit pages de grand papier. Refuser le serment était dans son droit; mais ce qui sortait de son caractère d'honnêteté et de galant homme, c'était la série d'invectives et d'accusations, toutes fort discutables, que le général accumulait contre le prince Louis-Napoléon. Le hasard m'avait conduit à l'Élysée, juste à l'heure où le ministre de la guerre venait d'apporter et de lire au Prince la lettre du général Changarnier. Le Président de la République donnait à l'officier de service l'ordre de m'écrire, lorsqu'il apprit de lui que je me trouvais dans le salon des aides de camp. Introduit aussitôt, le Prince me présenta à M. de Saint-Arnaud, et l'invita à me remettre la lettre du général Changarnier. Je la lus immédiatement et je fus autorisé à en faire dans le *Constitutionnel* l'appréciation que je jugerais convenable.

C'est ainsi que M. de Saint-Arnaud apprit la nature des rapports que j'avais l'honneur d'entretenir avec le Prince ; et cette circonstance me créa avec lui des relations que sa haute intelligence et son charmant esprit me rendirent précieuses et chères.

On n'a pas connu le maréchal de Saint-Arnaud ; car cette fine et noble nature ne s'est complètement épanouie que dans les derniers six mois de son existence, sous le ciel de l'Orient, dans l'atmosphère de la gloire et déjà sous la main de la mort. Le sillage de son navire se teinte d'un reflet des croisades ; et il a une façon haute de combattre et de s'envelopper dans le linceul de sa victoire qui tient de saint Louis et de Bayard.

La société parisienne, à laquelle Saint-Arnaud s'était révélé comme orateur, en faisant rejeter la proposition des questeurs, et à laquelle il s'était imposé comme soldat, dans la crise du 2 décembre, ne souffrait pas volontiers l'éclat de cette nouvelle personnalité qui venait de rejeter dans l'arrière-plan les généraux restés, depuis la mort du général Bugeaud, les favoris du public, les Changarnier et les Lamoricière. On lui avait inventé des aventures ridicules, telles que la mort du général Cornemuse, son ami intime, qu'il aurait blessé nuitamment en plein jardin des Tuileries, dans un duel survenu à la suite d'une affaire de jeu. M. de Maupas, à qui je demandai des éclaircissements sur cette rumeur, restée longtemps accréditée, me dit que les deux généraux la connaissaient et qu'ils en avaient ri ensemble, pendant les visites que le maréchal de Saint-Arnaud fit au général Cornemuse, au début de sa dernière maladie. Le général Cornemuse mourut d'une fluxion de poitrine, vainement combattue par son médecin, le docteur Chomel. Je tiens le fait du docteur Cabrol, vieil ami du maréchal de Saint-Arnaud, son médecin ordinaire et encore plein de vie et de verve. Le docteur Chomel, qui avait été appelé un jour en consultation auprès du maréchal, et qui arriva un peu tard, s'excusa auprès de son collègue, en disant qu'il avait été retenu auprès du général Cornemuse dont l'indisposition venait de prendre un caractère inquiétant.

XXX

DÉPART POUR L'ORIENT.

Les maréchaux Magnan et de Saint-Arnaud. — Saint-Arnaud est choisi pour commander en chef les armées d'Orient ; sa maladie. — Le général Canrobert est désigné pour lui succéder. — Départ du maréchal de Saint-Arnaud. — Sa conduite à Malte, à Candie, à Constantinople. — Son succès auprès de tous, son ascendant. — Grandes difficultés de la situation. — Saint-Arnaud prend le parti de marcher aux Russes en Bulgarie. — Transport des armées anglaise et française à Varna. — Tout est prêt. — Les Russes se dérobent en repassant le Danube.

Lorsque l'Empereur eut à donner un chef à l'armée d'Orient, il fallait un maréchal de France, afin que son grade lui permît de prendre régulièrement le commandement des armées alliées. Deux concurrents étaient en présence : les maréchaux Magnan et de Saint-Arnaud. Le maréchal Magnan avait l'avantage d'avoir fait la grande guerre. Il avait combattu en Espagne, sous Marmont et sous Suchet, et il était capitaine à Waterloo. Entré avec son grade dans la garde royale, par le choix du maréchal Gouvion-Saint-Cyr, nul n'avait été soldat plus brave, officier plus brillant et plus beau. Le maréchal de Saint-Arnaud n'était que l'étoile la plus récemment épanouie dans la pléiade des généraux africains : mais il joignait, à une bravoure chevaleresque, une distinction d'esprit, une hauteur de caractère à la fois aristocratique et courtoise, qui le mettaient, sans effort, de niveau avec tous les sommets.

L'esprit fin et délié du colonel Fleury avait saisi tout d'abord ces qualités diverses, lorsqu'il s'était agi d'associer deux généraux à la politique résolûment nationale du 2 décembre. Magnan et Saint-Arnaud marchaient de pair pour le courage ; l'un et l'autre étaient également propres à guider des soldats ; mais il y avait à un plus haut degré chez Saint-Arnaud les effluves magnétiques qui aident à manier les hommes. Lorsque, à trois heures de l'après-midi, le jour de l'Alma, le maréchal de Saint-Arnaud passa au galop et le chapeau à la main devant les divisions anglaises, le formidable hourra qui souleva les poitrines était cet hommage instinctif et irrésistible que la vraie grandeur, cosmopolite de sa nature, impose à toutes les nationalités.

Circonstance d'un grand prix dans la question, Saint-Arnaud parlait la langue anglaise avec toutes ses nuances. Cette considération ne fut pas étrangère au choix dont il devint l'objet. La nomination du maréchal au commandement de l'armée d'Orient fut rendue publique le 11 mars 1853, et le maréchal Vaillant prit sa place au ministère de la guerre. Dernier témoignage de la modération de l'Empereur, le jour où le général en chef de l'armée française était nommé, il y avait déjà un mois que M. de Kisseleff, ambassadeur de Russie, avait demandé et reçu ses passeports.

On savait Saint-Arnaud malade, mais son vieil ami d'Afrique, le docteur Cabrol, gardait pour lui le grave secret de sa vraie maladie. Ce n'était pas seulement, comme on le pensait, une irritation chronique des intestins, contractée en Algérie ; c'était une affection du cœur, une péricardite, se manifestant fréquemment par ces suffocations violentes et soudaines qu'on appelle angine de poitrine. En prévision de sa mort, le maréchal de Saint-Arnaud avait conseillé de déférer à M. le général Canrobert le commandement éventuel de l'armée. Chose honorable pour le successeur désigné, au moment où le maréchal proposait ce choix à l'Empereur, celui-ci, dépliant une lettre déjà signée, lui montra le nom du général Canrobert qui y était déjà inscrit, car tous deux s'étaient rencontrés dans la même pensée.

Avant le départ du maréchal, qui quitta Paris le 15 avril, la veille de Pâques, le docteur Cabrol réunit les célébrités médicales. L'une d'elles, le docteur Rayer, résuma confidentiellement son opinion sur le malade en disant au docteur Cabrol : « Je ne vous réponds de rien, mais, dans tous les cas, vous le mènerez bien jusqu'à Marseille. »

Suivons ce glorieux moribond qui porte en Orient l'honneur et le drapeau de la France. Pendant la messe qu'il entendit à Châlons, le jour de Pâques, à côté de la maréchale, et durant les heures de repos que la souffrance lui laissait, il ne demanda qu'une seule chose à Dieu : lui accorder le temps de combattre et de vaincre. Sa prodigieuse activité deviendra le plus efficace auxiliaire de son médecin ; mais il n'aura véritablement qu'une journée de santé et de joie sans mélange : ce sera le 20 septembre, lorsque, à huit heures du matin, par un beau soleil, il apercevra les lignes et les batteries russes, qui couronnent les bords escarpés de l'Alma. Ce jour-là, il passera douze heures à cheval, gai, fier, heureux. Le soir, après avoir atteint son but, il s'affaissera peu à peu, et il ne pourra dicter que couché, à son aide de camp, le colonel Trochu, le célèbre bulletin de la journée.

Le lendemain, encore soutenu par la joie d'avoir bien servi l'Empereur et ajouté à l'éclat militaire de sa patrie, il poussera l'armée vers Sébastopol pour en tenter l'enlèvement rapide ; mais, dès qu'il apercevra les murs de la ville des hauteurs de la ferme de Mackentce, sentant son heure irrévocablement venue, il appellera le général Canrobert, lord Raglan et l'aumônier du quartier général, l'abbé Parabère. Au général Canrobert, il remettra le commandement ; à lord Raglan, il soumettra ses plans ; à l'abbé Parabère, il livrera son âme. Puis, après avoir confié, au dévouement du docteur Cabrol, quelques paroles pour l'Empereur, et lu la dernière lettre de la maréchale, il s'endormira, résigné, dans la paix de Dieu et dans la gloire.

On sent que je ne veux pas raconter la lutte d'Orient, exposer l'organisation des armées et des flottes, décrire les batailles, replacer sous les yeux du lecteur les péripéties d'un formidable siège de onze mois, ou le faire assister à la prise de Sébastopol : tout cela est connu, tout cela a été raconté jour par jour, avec les pièces officielles, notamment par mon ancien et sympathique ami le baron de Bazancourt, et par M. Camille Rousset.

J'ai le dessein de faire autre chose; je veux prendre dans son éclosion, et dans sa généralité encore mal définie, la pensée qui détermina l'Empereur à la guerre et qui fut celle-ci : « On ne touchera pas, sans la France et sans moi, à l'organisation de l'Europe ; et puisque l'empereur Nicolas, ne consultant que sa propre politique, prétend supprimer l'empire ottoman, je l'en empêcherai. » Aller défendre le trône du sultan, il n'y eut pas, au fond, autre chose dans la mission du maréchal de Saint-Arnaud, général en chef de l'expédition et devant diriger à la fois les forces françaises, les forces anglaises et, s'il y en avait, les forces turques.

Je vais expliquer, tel que je l'ai étudié et connu, le côté personnel et interne de la question ; montrer sous quelle forme, avec quel but clair et déterminé, se dégagea, dans l'esprit du maréchal, l'ordre général qu'il avait reçu, et faire voir la grande chose qu'il sut tirer de ces paroles fermes, mais vagues : « Allez défendre le trône du sultan. »

J'avais vu le maréchal aux Tuileries, le jeudi soir qui précéda son départ ; je le rencontrai encore le lendemain, devant la porte de son ministère ; et, en renouvelant mes adieux et mes vœux, je lui dis : « Monsieur le maréchal, un homme comme vous est toujours sûr de voir de près l'ennemi ; mais j'envie le sort de ceux qui seront près de vous, au moment où vous commanderez : en avant !

— Mon cher, me répondit-il du ton militaire qui restait toujours noble dans sa bouche, je ne sais pas comment cela finira, mais, j'ose vous assurer qu'il y aura de la casse. »

Nous nous séparâmes sur ce mot suivi d'un serrement de main.

Parti de Marseille le 29 avril, le maréchal trahit, par son itinéraire, le travail qui se fait dans son esprit. Ayant à commander des troupes anglaises et des troupes turques, il veut d'abord gagner, par un acte de haute courtoisie, l'estime des deux nations. Le 2 mai, il prend terre à Malte où il va saluer le gouverneur : le 5, il débarque à Candie où il va saluer le pacha.

Le gouverneur de Malte, sir William Réad, qui avait été prévenu par lord Raglan, met dans l'accueil fait au maréchal les hautes façons du gentilhomme unies à la camaraderie de l'officier. Salves d'artillerie, déploiement de drapeaux, voiture d'apparat envoyée à la maréchale, grande revue des troupes, splendide banquet, rien n'est épargné, et on y joint une attention qui devait toucher des Français : c'est une visite solennelle à l'église Saint-Jean, où revivent dans leurs statues les grands-maîtres de l'ordre de notre nation, La Valette, Villiers de l'Isle-Adam, Pierre d'Aubusson, Jean de Lastic. Par sa tenue, son esprit, ses nobles manières, sa correcte et facile façon de parler la langue anglaise, le maréchal charme les esprits, gagne les cœurs, et cette mystérieuse magie qu'on nomme la séduction lui vaut les énergiques hurrahs des régiments anglais rangés sur son passage.

Le même effet fut produit sur les Turcs de l'île de Crète, où le maréchal, descendu chez le Consul français de la Canée, reçut le pacha, s'enquit des ressources de l'île, et fortifia, par son attitude et son langage, la sympathie naturellement acquise au défenseur du sultan.

Cette double démarche eut un résultat immense ; elle créa l'ascendant moral du maréchal sur les Anglais et sur les Turcs : ascendant, il faut bien le reconnaître, qu'aucun autre général français ne posséda et qui, après sa mort, manqua à l'autorité du commandement. Sans cet ascendant qui lui gagna les volontés et la confiance dans les trois armées, le maréchal aurait pu former les mêmes projets et imaginer les mêmes combinaisons, mais il ne les aurait pas exécutés avec cette puissance qui brisa les obstacles. Et il ne faut pas croire qu'il fût alors aisé à un général en chef français de gagner la bienveillance des Anglais et des Turcs. A cette époque, les vieux préjugés nationaux des Anglais contre nous existaient encore. Ce fut le maréchal de Saint-Arnaud qui, par son caractère, son attitude, son langage, rompit la glace. Il gagna le corps des officiers par sa courtoisie élégante et les soldats par sa bonté ! Huit jours après son arrivée à Gallipoli, les zouaves et les highlanders étaient devenus inséparables.

Il en fut de même des Turcs. A l'arrivée du régiment de zouaves coiffés du turban vert, il y eut une vive émotion à Constantinople. Les familles des croyants qui ont la prétention de descendre du prophète, et auxquelles le turban vert est réservé, crièrent à la profanation. Les zouaves, insultés dans les rues, étaient au moment de jouer des pieds et des mains, lorsque le maréchal intervint, calma les esprits; et quelques mois s'étaient à peine écoulés que les chefs les plus éminents de la nation ottomane sollicitaient, avec prières, l'honneur de coopérer avec les soldats français à la défense de leur patrie.

Arrivé à Gallipoli le 7 mai, le maréchal eut hâte de pousser jusqu'à Constantinople et d'aborder le côté vif et pratique de sa mission. Il visita le grand vizir, le 8, et salua le sultan, le 9. Le cérémonial était fini; la tâche commençait.

Que faire? Il n'y avait pas encore de plan arrêté! Sentant sur lui le poids d'une immense responsabilité, le maréchal descendit en lui-même et s'interrogea. Il passa toute la journée du 10 mai triste et soucieux. La difficulté se dressait devant lui. Le divan était inerte; les bachi-bouzoucks, accourus à la défense de l'islamisme, pillaient le pays; les Grecs, gagnés par le tzar, étaient des ennemis ou des espions. A cette heure, nul secours ne semblait devoir être raisonnablement attendu de cet empire en détresse qu'on venait protéger.

Deux idées étaient alors acquises en Europe et considérées comme indiscutables : la première que les Russes franchiraient rapidement le Danube et les Balkans; la seconde que les Turcs étaient incapables de les arrêter.

C'était par suite de ces deux idées que le gouvernement français avait envoyé à la hâte le général Canrobert, accompagné des généraux Bosquet et de Martimprez, à Gallipoli, avec mission de construire, en arrivant, des ouvrages qui permissent aux flottes alliées d'entrer dans la mer Noire et d'en sortir, même dans le cas où les Russes marcheraient rapidement et arriveraient à Constantinople. Durant le cours de ces travaux, le général Canrobert eut un entretien avec le séraskier. Après avoir fumé de longues pipes réglementaires, et mangé les confitures qui font partie intégrante du cérémonial, le général, préoccupé de sa mission, demanda au ministre de la guerre où étaient les Russes. Il lui fut répondu qu'aux dernières nouvelles, ils étaient devant Silistrie. Ayant demandé alors la date de ces dernières nouvelles, il apprit qu'elles remontaient à douze jours. Le général prit congé en admirant un gouvernement qui avait employé à fumer paisiblement ces douze jours, pendant lesquels les Russes étaient peut-être arrivés aux Balkans.

Pendant l'audience, un échange de quelques mots s'étant engagé sur les moyens les plus propres à sauver l'empire ottoman, le général Canrobert déclara qu'à son avis, les deux plus urgents à adopter par les Turcs, c'était de raccourcir de moitié le tuyau de leurs pipes et de relever les quartiers de leurs babouches. Et, comme le regard étonné du ministre semblait demander une explication : « C'est bien simple, répondit le général, avec des tuyaux plus courts, vous pourrez allumer vous-mêmes vos pipes, ce qui rendra disponible un homme sur deux ; et, en relevant les quartiers de vos babouches qui s'échappent de vos pieds, vous pourrez marcher plus vite. »

Telle était, jugée sur les apparences et les idées accréditées, la nation qu'il s'agissait de sauver.

Après quarante-huit heures de réflexion, les préoccupations et la tristesse du maréchal se dissipèrent : il avait pris son parti.

Deux choses seules étaient à faire : ou se retirer, ou, par une guerre foudroyante et rapidement poussée à fond, disperser les forces et détruire en Orient le prestige de la Russie. Se borner à couvrir Constantinople et à monter la garde autour du sérail, c'était humiliant pour l'armée et honteux pour la France. Le maréchal jura qu'il ne s'y résoudrait jamais. Les Russes étaient devant Silistrie : il fallait lancer l'armée sur eux ; franchir les Balkans par terre et les tourner par mer ; concentrer les divisions françaises et anglaises à Varna, y réunir les vivres, les munitions et les réserves ; et, à la tête d'une armée instruite, exercée, exubérante de bravoure, aller battre le maréchal Paskewitch sur le Danube et détruire du même coup les projets du tzar.

Là était le but, là était la solution, pour une armée venue de huit cents lieues et qui ne pouvait honorablement rentrer dans sa patrie, qu'après avoir, pour imposer la paix, fait prévaloir la foi des traités et sauvé un empire couvert des plis de son drapeau.

Par cette résolution sortie uniquement et tout entière de sa tête, le maréchal venait de créer le caractère de la guerre de Crimée qui eut pour but de détruire en Orient l'idolâtrie du czar, de désabuser l'Europe sur le prestige du colosse russe, et de montrer l'empereur Napoléon III entrant sur la scène politique comme patron de l'ordre général et défenseur des traités qu'on le supposait disposé à violer.

Les plans du maréchal de Saint-Arnaud enlevèrent, par leur netteté, par leur énergie, les suffrages de Paris et de Londres ; l'armée battit des mains en apprenant qu'on allait, non pas camper, mais combattre, et il n'y eut plus qu'une pensée, commune à tous : aller en avant.

Je n'ai pas l'intention de raconter les faits ; je ne veux raconter que l'idée, suivre ses phases, exposer ses transformations, et montrer à chacune d'elles le maréchal luttant à la fois contre la difficulté et contre la maladie, surmontant la première par l'accord rapide de son génie militaire et de son génie politique, et domptant la seconde par l'inaltérable paix de son âme et sa calme résignation à la volonté de Dieu, auquel, dans ses incessantes angoisses, il ne demandera qu'une seule et même chose : le temps de vaincre pour la France et pour l'Empereur.

Établissons, pour n'y plus revenir, son foyer et son cabinet dans le charmant palais de Jeni-Keni, sur le Bosphore, que le sultan avait mis à la disposition de la maréchale. Il était là au grand air, en face du beau mouillage de Beïcos, et à portée de Thérapia, résidence ordinaire de tous les fonctionnaires en été. Il s'y établit le 12 mai avec sa maison militaire, qui comprenait le colonel Vaubert de Genlis et le colonel Trochu, comme aides de camp, et, comme officiers d'ordonnance, MM. Boyer, de Place, de Gramont de Lesparre, de Cugnac, de Clermont-Tonnerre, de Villers, les commandants Henry et de Puységur, son gendre, mort tout récemment colonel du 9ᵉ dragons.

A sa maison militaire étaient détachés deux officiers anglais, le général Ross et le major Claremont; de même que deux officiers français, M. le colonel de Lagondie et M. le chef d'escadron Vico étaient détachés auprès de lord Raglan.

Vers le 16 mai, revint, d'une mission secrète, le commandant Henry, envoyé à Choumla, auprès d'Omer-Pacha, généralissime des troupes turques sur le Danube ; dès son arrivée et après une visite au sultan, le maréchal part pour Varna avec lord Raglan et le séraskier ; les amiraux français et anglais y avaient été convoqués ; et, le 18, les chefs des troupes de terre et de mer tinrent un conseil mémorable où fut résolue la concentration des armées à Varna, afin de marcher de là, en trois colonnes, sur Silistrie, enveloppée par soixante mille Russes.

Telle était la conception du maréchal, née, dans son esprit, de la nécessité de prendre l'initiative et d'affirmer efficacement, par cette attitude résolue, la volonté des puissances alliées de faire prévaloir l'autorité des traités et la politique conservatrice en Orient. Cette résolution prise et gardée secrète, le maréchal et lord Raglan revinrent en toute hâte à Gallipoli pour activer le départ des troupes. Là eut lieu, le 27 mai, un suprême conseil de guerre, auquel assistèrent, sous la présidence du maréchal, lord Raglan et le séraskier, le prince Napoléon et les sept généraux français, Canrobert, d'Allouville, Espinasse, Cassaignolles, Bizor, Thiry et Boiste.

On n'y exposa qu'une seule chose : le transport et la réunion à Varna de l'armée française, de l'armée anglaise et de l'armée turque et la réunion des flottes à Varna et à

Bourgas. Les opérations ultérieures restaient un mystère.

Cette détermination affermit le moral de l'armée, déjà un peu lasse de son inactivité, désireuse de voir enfin l'ennemi, et pensant que le mouvement en avant ne pouvait avoir pour objet que de marcher à sa rencontre. On croyait que Silistrie ne tarderait pas à succomber et que le maréchal Paskewitch, victorieux, se hâterait de se diriger sur Constantinople. Aller l'attendre à Varna flattait la fierté des armées alliées; et surtout oser lancer la division Bosquet dans les plaines d'Andrinople et franchir les Balkans, était un coup d'audace dont le maréchal de Saint-Arnaud passa pour être seul capable.

Le journal du docteur Cabrol note une amélioration générale dans la santé du maréchal : les spasmes de poitrine et les suffocations se montraient plus rarement et avec moins d'intensité ; les préparatifs de la campagne, devant aboutir à une grande bataille, le soutenaient en l'exaltant. Les troupes partaient pour Varna à bord des vapeurs ; le général Bosquet, avec sa division, prenait la route de terre ; le 31 mai, le général Forey arrivait d'Athènes avec sa division moins 2,000 hommes laissés au Pirée pour calmer les ardeurs stériles et intempestives des Grecs. Le même jour, les régiments anglais étaient au moment de s'ébranler pour courir au rendez-vous général. Le maréchal les passa en revue, salué par les bravos de ces troupes admirables. Enfin, tout était prêt ; le sultan voulut passer, le 17 juin, une revue générale. Ce fut grandiose et splendide. Les zouaves et un piquet de cuirassiers excitèrent surtout l'admiration du padischah qui, à l'étonnement des fidèles musulmans, alla saluer Mme la maréchale de Saint-Arnaud dans sa voiture.

Donc, les hommes étaient prêts, il ne restait plus qu'à se placer sous la protection de Dieu. Le 18 juin, jour de la Fête-Dieu, le père Boré, préfet apostolique des Lazaristes en Orient, célébra solennellement la messe et bénit l'armée ; et, le 24, le maréchal, partant définitivement pour Varna, prit congé de la maréchale sur l'embarcadère de ce poétique palais de Jéni-Kéni où il ne devait rentrer que vainqueur... et mort !

Tout souriait donc au maréchal au moment où, le soir de cette journée du 24 juin, il allait prendre le commandement suprême ; son patriotisme et son courage avaient donné une base, un but, une forme à la guerre. Il allait au-devant d'une grande armée russe ; la Providence avait accordé à sa religieuse résignation assez de santé pour combattre et pour vaincre. *L'Euphrate* venait de lui apporter un peu de cavalerie, le 5e hussards ; arrivé en vue de Varna, à bord du *Berthollet*, il faisait stopper un instant devant Bourgas et apprenait l'arrivée du général Bosquet et de sa division à cinq heures. Il était devant Varna, calme, fier, heureux, respirant déjà l'atmosphère de la bataille, lorsque, au moment de débarquer, un canot aborde son navire et lui annonce que l'armée russe, ayant levé le siège de Silistrie, repassé le Danube, détruit ses ouvrages, brûlé ses ponts, s'était mise en pleine retraite.

C'est une lettre de lord Raglan, remise par le capitaine Simons, qui apporta cette fatale nouvelle.

XXXI

BATAILLE DE L'ALMA.

Le maréchal de Saint-Arnaud se décide à porter la guerre en Crimée. — Apparition du choléra; ses ravages. — Incendie de Varna. — Départ des troupes pour la Crimée. — Débarquement à Eupatoria. — Les Russes attendent l'attaque sur la rive gauche de l'Alma. — Le plan de bataille. — Victoire de l'Alma. — Le maréchal de Saint-Arnaud est atteint par le choléra. — Sa mort, le 29 septembre 1854.

La foudre tombée aux pieds du maréchal de Saint-Arnaud ne l'aurait pas atteint plus rudement. L'ennemi disparaissait : plus de bataille, plus de coup à frapper, éclatant, décisif, tel qu'avec ses soldats il était en droit de l'attendre ; et il se trouvait, au fond de la mer Noire, dans les solitudes de la Bulgarie, à huit cents lieues de Paris et de Londres, avec deux armées restées sans objectif, isolées, dans le vide, dont il avait la direction, l'emploi et la responsabilité !

Quelle situation, comme Français, en face de l'Europe attentive ! Quelle situation, comme général en chef, en face de l'Empereur, qui lui avait confié cette grande expédition ! Quelle situation, comme nouveau maréchal, n'ayant pas encore eu le temps d'illustrer son titre, aux yeux de tant de braves et brillants officiers, la fleur des armées de France et d'Angleterre, justement rehaussés et fiers d'un renom acquis en Afrique et dans l'Inde !

L'âme la plus ferme en eût été ébranlée. Saint-Arnaud résista à ce choc de la fortune. Il débarqua silencieux, mais calme ; et, à peine établi dans la maison qui lui était préparée, son esprit chercha et trouva rapidement un nouveau but aux desseins qu'il nourrissait pour la gloire de son pays.

Comme pour endormir sa douleur et rendre le ressort à sa pensée, le maréchal s'établit dans sa maison de Varna, et ne montre d'autre préoccupation que le soin de son armée. Il la concentre, l'installe, la fait vivre, il est tout entier au camp et à ses nécessités. En même temps, il réunit les chefs, leur soumet la convenance d'obtenir promptement des renseignements sur la situation précise de l'armée russe et sur les desseins avoués ou probables du prince Paskewitch. Tout cela reposait un instant et donnait aux esprits le temps de se rasseoir. Sa pensée était ailleurs.

Son objectif n'avait pas changé. La France avait besoin de sortir avec éclat de cette guerre. « Il ne faut pas, disait Saint-Arnaud, faire une guerre timide à la Russie. Si nous ne donnons pas une sanction à cette grande campagne, nous perdrons notre influence en Europe. La Russie a toutes les proportions et exerce tout le prestige d'un colosse. L'Orient est sous son influence. Il n'est pas une maison de paysan où l'on ne prie pour le czar.

Si nous n'osons pas franchir les frontières de son Empire, ses défis d'aujourd'hui deviendront ses railleries de demain. La levée du siège de Silistrie prouve que les Russes ne viendront pas à nous. La logique de notre situation, c'est d'aller à eux. Cette situation n'a que deux issues : la guerre offensive, au delà du Danube, ou en Crimée. »

La Crimée fascinait Saint-Arnaud. Il y voyait un but clair, déterminé, accessible. Il était sûr d'y trouver ce qu'il cherchait : un ennemi qui ferait face à l'assaillant, et qu'il n'y aurait qu'à combattre et à vaincre. Là, pas de déserts inaccessibles pour se dérober, comme derrière le Danube. La Crimée était un champ clos. Une fois entré dans son enceinte, on n'y pouvait être que vainqueur ou vaincu.

Le maréchal avait près de lui un homme intelligent, actif, résolu, ayant fait la guerre. C'était un ennemi naturel de la Russie, étant Polonais et banni de son pays. Il se nommait M. Tansky. Il avait été journaliste à Paris, et longtemps attaché au *Journal des Débats*. Le maréchal lui avait confié la direction d'un service d'informations politiques, et ses rapports confirmaient et corroboraient les desseins secrets du maréchal. Ainsi fortifié dans ses idées, il s'ouvrit à lord Raglan. Le vieux soldat approuva les plans du maréchal, et tous deux consultèrent leurs gouvernements. En attendant les deux réponses, qui arrivèrent vers le 18 juillet, les chefs, pour avoir, à tout événement, les armées prêtes et bien dans la main, s'occupèrent ostensiblement d'une attaque poussée contre les Russes, sur la rive gauche du Danube. Pour les armées, c'était l'entretien de l'ardeur militaire ; pour l'ennemi, c'était une diversion.

Sous l'empire de ces préoccupations eut lieu, le 5 juillet, une grande revue des troupes françaises. Autour du maréchal, étaient Omer-Pacha, lord Raglan, le duc de Cambridge, l'amiral Hamelin, l'amiral Dundas, l'amiral Bruat, l'amiral Lyons, accompagnés des états-majors des armées de terre et de mer. On y remarquait Iskander-Bey, ainsi que le général Beatson, avec leur état-major portant de riches costumes indiens. Ce général anglais était envoyé par le gouvernement de l'Inde, en vue d'organiser les Bachi-Bouzouks, de concert avec le général français Yusuf. Au milieu de ces brillants cavaliers, figurait Horace Vernet, venu pour étudier les épisodes les plus favorables à la peinture.

Le lendemain eut lieu, avec la même solennité et le même éclat, la revue des troupes anglaises. Le maréchal y fut acclamé avec enthousiasme ; et il demeura persuadé qu'à la tête de pareilles troupes il pouvait aller partout, avec la certitude de vaincre. Après ces deux revues, on vit arriver au camp le colonel autrichien de Lowenthal, dont la présence était un signe et un gage de l'entrée de l'empereur François-Joseph dans e concert de la politique commune à la France et à l'Angleterre.

Tout était prêt pour se porter en avant, et l'ardeur des troupes était immense, lorsqu'une nouvelle sinistre parcourut le camp, le 14 juillet : le choléra venait de se montrer à Gallipoli, et le colonel d'Elchingen avait été sa première victime. Le 21, il se montra à Varna, ce qui n'arrêta pas la marche des troupes vers le Danube, officiellement décidée par les chefs des deux armées, à une revue du 18. Avec le choléra, était arrivé l'héroïsme religieux. Le Père Boré et douze sœurs de charité s'établirent au milieu des moribonds.

La nouvelle était arrivée que les Autrichiens allaient occuper les principautés au fur et à mesure de la retraite des Russes. Les armées alliées, craignant de voir leur proie s'échapper, étaient d'autant plus impatientes de marcher en avant. L'épidémie, arrivée à bord de quelques navires, n'avait pas encore éclaté dans le camp, et rien ne faisait prévoir, en ce moment, la gravité foudroyante que prendrait le fléau.

En l'absence du général Canrobert, envoyé en mission par mer près de Sébastopol, le général Espinasse avait pris le commandement de sa division et s'avançait à travers la Dobruscha. Le général Yusuf, à la tête de 3,000 cavaliers bachi-bouzoucks, était parti pour surprendre un corps russe. Il devait être soutenu par deux bataillons de zouaves, sous le commandement du colonel Bourbaki. Ayant eu la pensée d'associer une partie de la première division à son coup de main, quel ne fut pas l'étonnement du général Yusuf, en arrivant près du général Espinasse, de voir 500 hommes couchés par terre et hors d'état de marcher! Le fléau s'était abattu comme la foudre sur ces énergiques soldats. A huit heures du soir, il y avait 150 morts et 350 malades à peu près sans espoir. Il ne fallait plus songer à se porter en avant. Les Bachi-Bouzouks enterrèrent les morts, attachèrent les malades sur leurs chevaux, et l'on se replia sur le gros de la première division qui venait également d'être frappée.

On ne saurait peindre la douleur du général Canrobert, lorsque, en débarquant à Varna, il apprit le triste état de sa division. Il reprend la mer à l'instant même et débarque, le soir, à Kustendgé, d'où il se rend au milieu de ses soldats. Des acclamations unanimes l'accueillent, et sa présence, sa parole, son énergie relèvent le moral des soldats. De nombreux bâtiments furent expédiés par le maréchal de Saint-Arnaud à Kustendgé, pour y prendre les 1,700 cholériques qu'on y avait déposés sous la garde d'un bataillon de zouaves. Je lis dans le journal du docteur Cabrol que 1,500 hommes furent enterrés à Varna, avant l'arrivée de la colonne des malades de Kustendgé.

Comme si la Providence n'avait voulu épargner aucune épreuve au maréchal, avant de mettre le sceau à sa gloire, un second fléau vint s'ajouter au premier. Dans la nuit du 13 au 14 août, le feu prit à la ville de Varna, bâtie en bois, et elle brûla tout entière en deux jours. En quelques heures, les approvisionnements de vivres, de fourrages et toutes les marchandises de cette ville commerciale devinrent la proie des flammes. On ne fut pas sans de vives inquiétudes sur les poudrières, au-dessus desquelles les flammèches tourbillonnaient.

Pour comble de disgrâce, le maréchal était en proie à une crise des plus violentes. « Il prit mon bras, dit le docteur Cabrol, s'y attacha d'une main crispée, et consentit à fuir l'incendie, pour dérober à ses soldats le spectacle de ses douleurs... Sentant qu'il m'entrainait, j'appelai l'un de ses officiers à mon secours. Ainsi suspendu sur nos bras et plié en deux par la souffrance, il arriva à sa porte, mais il ne put monter les escaliers. Nous le portâmes dans son lit. »

Eh bien, ce moribond préparait, en ce moment, la descente en Crimée des trois armées française, anglaise et turque. A la fin d'août, l'expédition n'était plus un secret pour personne. La nouvelle d'une énergique et prochaine campagne releva le moral des soldats, affaiblis par la terrible atteinte de la maladie.

Le maréchal et lord Raglan avaient reçu de Paris et de Londres l'approbation complète de leurs projets. Les préparatifs furent rapidement terminés; le séjour de Varna n'était plus possible; et le départ fut fixé au 2 septembre.

Saint-Arnaud n'avait jamais varié; il allait tout droit à Sébastopol. Après cinq jours passés à attendre, en mer, la flotte anglaise, moins prompte que la nôtre à embarquer ses hommes et ses chevaux, les deux escadres se rallièrent au large le 8 septembre, couvrant les flots d'une forêt de mâts.

Le maréchal était à bord de la *Ville-de-Paris*, vaisseau-amiral commandé par l'amiral Hamelin. Une grande et décisive conférence y était indiquée. L'amiral Dundas, l'amiral Bruat et le colonel anglais Steel, aide de camp de lord Raglan, se rendirent à bord de la *Ville-de-Paris*. Lord Raglan n'avait pu venir, à cause de la difficulté qu'il avait à monter et à descendre les échelles par le gros temps. Il y avait houle ce jour-là.

Alors sonna l'heure de la plus redoutable crise qu'eut jamais à traverser le maréchal. A l'ouverture de la conférence, il essaya de parler pour exposer ses plans; mais un violent accès d'angine de poitrine le saisit. On l'aida à reprendre son lit, en proie au désespoir le plus profond. La tête était libre, mais la maladie de cœur s'exaspérait de plus en plus. On se retira sans rien conclure, faute de la présence de lord Raglan, resté à bord du *Caradoc*, où l'on se rendit pour aller prendre son avis.

N'ayant plus de chef convaincu, résolu, ayant fait et mûri un plan, les généraux et les amiraux reculèrent devant l'idée d'aborder Sébastopol, et ils s'arrêtèrent à l'idée d'aller explorer la côte de Crimée, pour y chercher un lieu propice au débarquement des trois armées. Ce choix fut confié à une commission dont firent partie les généraux Canrobert, Thiry, Bizot, de Martimprey, l'amiral Bouët-Villaumez, les colonels Trochu et Lebœuf, et le général anglais Rose; elle partit le soir, à six heures; la commission anglaise, ayant à sa tête lord Raglan, s'embarqua à bord du *Caradoc*. Le retour des deux bâtiments explorateurs n'était attendu que le 10. Le gros temps les retint jusqu'au 11.

Pendant ces trois jours, le maréchal agonisait, dans une crise terrible de trois accès de fièvre pernicieuse. La Providence eut pitié du noble soldat. Quand les deux commissions revinrent le 11, le maréchal était rétabli.

Il avait été décidé qu'on débarquerait à Eupatoria. Le général en chef approuva cette résolution, présentée par les généraux et amiraux des deux armées.

Le débarquement eut lieu, le 14, le 15, le 16 et le 17, sur la plage d'Eupatoria, et sans aucune résistance. Descendu à terre le 16, le maréchal monte à cheval et visite les premiers campements. Avec la santé, presque miraculeusement rétablie, étaient revenus l'ardent désir de combattre et la certitude de vaincre. Les armées n'étaient qu'à huit lieues de Sébastopol, séparées, il est vrai, de la ville par soixante mille Russes.

Le 18 septembre, le maréchal, remis de sa crise, écrivit plusieurs lettres à ses amis. Une reconnaissance vers l'embouchure de l'Alma n'avait laissé aucun doute sur la certitude d'y rencontrer les Russes. Pressé de les combattre, le maréchal semblait prendre congé de ses amis, pour rester tout entier à la France. Il pria le docteur Cabrol de lui cueillir autour de sa tente quelques-unes des petites fleurs qui émaillaient le gazon. Il en découpa trois ou quatre avec ses ciseaux, les porta à ses lèvres, et les fixa avec de la cire dans la dernière lettre qu'il venait d'écrire. En y mettant l'adresse, son œil était humide et sa main tremblait. La lettre était pour la maréchale.

Le 19, on est à cheval à sept heures du matin, et le camp est levé. On marche vers l'Alma. La division Canrobert était en avant, la division Bosquet et la division Napoléon sur les ailes, la division Forey formant l'arrière-garde. Le soleil allumait de ses feux les baïonnettes de ces divisions, déployées dans ces immenses steppes, et dont la marche silencieuse laissait courir dans l'air les cris joyeux des spahis, poursuivant les lièvres éperdus que les bataillons réveillaient dans les herbes.

A quatre heures et demie, après une courte halte, le maréchal gagne la tête de la division Canrobert, et, du haut d'un monticule, il aperçoit les Russes. Leurs masses couronnaient la rive gauche de l'Alma ; des batteries se dessinaient à mi-côte, et leur cavalerie, en avant de l'Alma, sur la rive droite, se développait dans la plaine. Les deux armées sont en présence, on s'observe et l'on se mesure du regard.

— Il est trop tard pour livrer bataille, à moins que l'on ne m'attaque, dit le maréchal. C'est pour demain matin.

Les troupes firent halte et campèrent, et les généraux se rendirent à la tente du maréchal, dressée dans un pli de terrain, pour y recevoir communication de son plan.

Tout à coup, à cinq heures, le canon se fit entendre dans la plaine. On fut bientôt à cheval, et le maréchal alla reconnaître sa gauche. C'était une escarmouche entre nos grands-gardes et la cavalerie russe, à laquelle on avait envoyé quelques obus. Les Anglais, arrivés en ligne un peu tard, avaient laissé notre gauche en l'air ; et le colonel de Lagondie, attaché à lord Raglan, fut pris par les Cosaques, en allant d'une armée à l'autre.

Après cette courte alerte, le maréchal revint à sa droite, en passant devant le front des troupes. Il engageait, en passant, des dialogues avec les soldats.

— Eh bien ! mes amis, je vous avais promis de vous faire voir l'ennemi. Vous ai-je tenu parole ?

— Oui, oui ; voilà nos fusils, prêts à souhaiter le bonjour aux Moskovs ; et, s'ils nous attendent, ils recevront de fameuses poignées de main ; mais ils n'attendront pas !

— Si, si, mes amis, ils vous attendront, et se battront bien ; mais je vous recommande de tirer peu, et à coup sûr. N'oubliez pas que, sur ce champ de bataille, et en face de l'ennemi, il n'y a plus ni Français, ni Anglais, ni Turcs ; il n'y a que des braves !

Et des cris de : Vivent les Anglais ! vive l'Empereur ! remplissaient les airs.

C'est en plein air, au bas d'une colline, que le maréchal réunit les généraux après s'être enveloppé d'une longue ligne de sentinelles, pour écarter les curieux et éviter les indiscrétions.

Le plan arrêté était fort simple.

La division Bosquet, à l'extrême droite, suivie de la division turque, et appuyée par la marine, devait opérer un mouvement tournant, sur l'embouchure de l'Alma, et attirer à elle l'ennemi, pendant que les trois autres divisions formaient le centre ; les Anglais, à l'extrême gauche, devaient opérer un autre mouvement tournant et convergent, de manière à envelopper l'ennemi.

Au coucher du soleil, le camp russe, éclairé de ses rayons, se dessina parfaitement. Il y avait là de 45 à 50,000 hommes. Le centre surtout offrait une masse compacte, placée à mi-côte, et dans une position qui semblait inexpugnable.

Libre de corps et d'esprit, calme, commandant à ses généraux de contenir l'élan des soldats, le maréchal se retira dans sa tente, se coucha sans manger et s'endormit sans avoir éprouvé les douleurs de poitrine, qui se manifestaient ordinairement dans la soirée.

Le 20 septembre, le grand jour ! le maréchal était debout à quatre heures. Le journal de M. Cabrol le montre procédant à sa toilette, aussi paisiblement que dans sa chambre de Varna. « Il fit sa barbe et s'habilla à *la chandelle*, endossa sa capote militaire, presque sans ornements, ceignit son ceinturon, auquel pendait un sabre léger, et se couvrit du chapeau à plumes blanches, afin d'être reconnu. A cinq heures et demie, il monta son beau cheval Nador, compagnon fidèle de ses campagnes d'Afrique, et, à six heures, son bâton de maréchal à la main, il était au sommet du tumulus du haut duquel, la veille, il avait observé l'armée russe. »

L'ordre d'attaque était celui-ci, en allant de droite à gauche, et en faisant face aux escarpements de la rive gauche de l'Alma : division Bosquet, suivie de la division turque ; division Canrobert ; division Napoléon ; puis les Anglais, division de Lacy Evans, division de Georges Brown, division du duc de Cambridge ;

Général Forey, commandant la réserve française ;

Général Cathcart, commandant la réserve anglaise.

Depuis Waterloo, c'était la première bataille rangée livrée par la France à des troupes européennes.

Partie dès l'aube, la division Bosquet arrive vers sept heures aux bords de l'Alma. Les Anglais n'étant pas encore en ligne, on lui envoie l'ordre de faire halte. Le maréchal met pied à terre, au centre. Un spahi étend par terre son manteau rouge, et le maréchal, ayant à ses côtés le prince Napoléon, partage avec lui un morceau de pain trempé dans du vin de Marsala. Gagné par l'impatience, il court aux Anglais, vers huit heures, et trouve à leur tête lord Raglan suivi de ses trois divisions marchant en silence et à pas comptés.

Alors le maréchal passe devant les divisions anglaises, à les raser, et leur crie, en leur langue, d'une voie tonnante, en agitant son chapeau : « Hourrah aux Anglais! Les Russes sont devant vous, et vous brûlez de combattre. Donc, en avant, braves Anglais; les Français partent, suivez-nous. En avant! » Électrisées par ces paroles, les troupes anglaises mettent leurs bonnets au bout des baïonnettes en poussant d'énergiques vivat.

Se portant au galop devant la division Canrobert, le maréchal lui crie : « Général, en avant! » Alors Canrobert, ce Murat calme, mettant la main à son chapeau, répond de sa voix mâle et vibrante : « Monsieur le maréchal, je me suis arrêté parce que vous me l'avez ordonné, mais quand vous nous dites d'aller en avant, vous savez bien que nous ne serons pas les derniers. » Et se retournant sur sa selle, vers sa division, il pousse le cri : En avant! et les régiments s'ébranlent.

Il était une heure lorsque les divisions assaillantes se lancèrent dans le lit de l'Alma, franchirent les jardins et les vignes, et abordèrent les pentes, que les Russes avaient jugées inaccessibles. L'artillerie fut hissée par des sentiers à chèvres, où il fallut porter les canons et les chevaux. A trois heures, les armées alliées couronnaient les plateaux. Il s'était fait des prodiges. On avait vu un bataillon russe former le carré, pour arrêter 200 zouaves, arrivant au pas de course, comme on fait pour arrêter une charge de cavalerie.

Les Anglais furent admirables d'impassible bravoure. Les Écossais et la brigade conduite par le duc de Cambridge abordèrent, au pas, une batterie de position qui les écrasait et repoussèrent, presque poitrine à poitrine, les masses russes.

A trois heures et demie, tout était fini. De l'armée du prince Menschikoff, il ne restait que des fuyards, des blessés et des morts. Les Russes s'étaient battus avec tant de courage, que, lorsqu'on établit la tente du maréchal sur le plateau où s'étaient lancés les zouaves, il fallut, pour déblayer ce petit terrain, enlever cinquante cadavres.

Le général Thomas, de la division Napoléon, fut tué en arrivant sur le plateau. Le général Canrobert, renversé de son cheval par deux biscaïens reçus à l'épaule, se fit panser et remonta à cheval à l'instant même, et le maréchal l'ayant rencontré le bras en écharpe, le félicita et l'embrassa devant toute l'armée. Chacun avait fait brillamment son devoir, Français, Anglais et Turcs; généraux et soldats; et voici la note que je trouve dans le journal du docteur Cabrol, sur le prince Napoléon :

« Le maréchal, en rappelant les événements de la journée, disait : « Je suis content de la manière dont le « prince Napoléon a conduit sa division. Il s'est montré

« digne de son nom. Je suis heureux d'avoir à signaler
« sa bravoure à l'Empereur ; il a dignement gagné ses
« épaulettes, et s'est battu comme un vieux soldat. »

Quant au maréchal, ce fut sa grande et radieuse journée. Il avait atteint son but, qui était d'inaugurer le nouvel Empire par une éclatante victoire, gagnée sur l'une des plus braves armées du monde. Des peintres l'ont représenté sur le champ de bataille, pâle, affaissé, soutenu sur son cheval par deux cavaliers. C'est une complète erreur. Le maréchal de Saint-Arnaud eut, le 20 septembre 1854, comme un renouveau de santé. Il avait réuni tout ce qui lui restait de force pour vaincre et pour mourir, et il passa onze heures à cheval.

Le lendemain, il lui restait à parachever son œuvre, en écrivant son admirable bulletin sur la bataille de l'Alma, adressé à l'Empereur, et dans lequel il rendait justice aux trois armées.

Il lui restait encore une suprême consolation, c'était au moins de voir Sébastopol, où il avait résolu d'entrer, mais dont sa redoutable crise du 8 septembre lui avait fermé les portes. Dans une marche en avant, il arrêta mélancoliquement sa vue sur la glorieuse cité, du haut des contreforts de la Katcha, qu'il passa le 23, en se dirigeant sur le Belbek.

C'est là que le choléra vint s'abattre sur ce noble soldat, déjà usé par la victoire, et qui n'avait vécu que grâce à la plus énergique volonté. Sa mission finie, il entra dans les ombres de la mort. A quoi bon prolonger un récit qui n'a plus à peindre que l'affaissement rapide d'un corps brisé, et la résistance suprême d'une âme héroïque aux défaillances de l'agonie ?

Le 28 septembre, il remet le commandement de l'armée au général Canrobert ; le 29 au matin, au moment d'être porté sur *le Berthollet*, le noble Lord Raglan vient prendre congé de son compagnon de gloire ; et, les dernières pensées de ce monde une fois épanchées d'une voix éteinte à l'oreille de ses amis, l'abbé Parabère, aumônier du quartier général, aplanit à son âme les voies qui mènent vers Dieu.

Le maréchal de Saint-Arnaud s'éteignit doucement à bord du *Berthollet*, le 29 septembre 1854, à trois heures après midi, huit jours pleins après la bataille de l'Alma.

Sébastopol, que Saint-Arnaud avait d'abord voulu enlever d'assaut, en arrivant, va résister un an moins douze jours à quatre armées. Néanmoins, le maréchal avait eu l'insigne honneur de donner une forme et un but à la guerre d'Orient : il avait sauvé l'empire ottoman et abaissé, en Orient, le prestige de la Russie.

Ce qui resta à accomplir n'est plus qu'un épilogue ; le livre est fait. On tuera beaucoup d'hommes ; on ne soulèvera pas une idée de plus. La Russie subit la pression de l'Europe et lui résiste avec courage et fierté ; mais, si elle combat, ce n'est plus pour la victoire, c'est pour l'honneur de ses armes.

Cette longue et sombre tuerie est marquée par quatre glorieux et sanglants épisodes qui sont : le 25 octobre, la charge héroïque des Écossais-Gris à Balaclava ; le 5 novembre, la boucherie d'Inkermann ; le 18 juin 1855, le grave échec de Pélissier au Mamelon-Vert et aux Ouvrages Blancs; le 18 août, la bataille de Traktir. Le dénouement prévu éclate le 8 septembre : c'est l'assaut heureux de Malakoff.

Il avait coûté 7,500 hommes; ce fut le prix de la paix glorieuse, signée à Paris, le 30 mars 1856.

FIN DU SECOND VOLUME.

TABLE DES CHAPITRES

	Pages.
I. — Le Rubicon passé.	1
II. — Le 2 Décembre jugé à Paris.	5
III. — Le 2 Décembre jugé en province.	11
IV. — La Jacquerie de 1851.	16
V. — Joie de la délivrance.	36
VI. — Suite du 2 Décembre.	40
VII. — Soixante-dix-neuf jours de dictature.	47
VIII. — Les décrets d'expulsion et d'eloignement.	54
IX. — Mon petit mémoire.	58
X. — Les exilés.	67
XI. — La clémence et les commissions mixtes.	71
XII. — L'œuvre des commissions mixtes.	76
XIII. — Le Prince m'explique l'esprit de sa Constitution	81
XIV. — Vices du régime parlementaire. Loi sur la presse.	87
XV. — M. Rouher.	95
XVI. — Décret du 22 janvier 1852 sur les biens de la famille d'Orléans.	102
XVII. — M. Jules Favre propose, avant l'Empereur, la saisie des biens de la maison d'Orléans.	107

TABLE DES CHAPITRES

		Pages.
XVIII.	— Mes sentiments envers la famille d'Orléans.	113
XIX.	— Dotation de M. le duc de Nemours.	117
XX.	— Les souverains du Nord sont pressentis sur le rétablissement de l'Empire.	122
XXI.	— Ma sortie du *Constitutionnel*	132
XXII.	— Voyage dans le Midi.	141
XXIII.	— Notre brochure.	151
XXIV.	— Rétablissement de l'Empire.	161
XXV.	— Mariage de l'Empereur.	173
XXVI.	— L'impératrice Eugénie.	188
XXVII.	— La pensée du règne.	210
XXVIII.	— La guerre de Crimée.	225
XXIX.	— Le maréchal de Saint-Arnaud.	239
XXX.	— Départ pour l'Orient.	242
XXXI.	— Bataille de l'Alma.	256

www.ingramcontent.com/pod-product-compliance
Lightning Source LLC
Chambersburg PA
CBHW050649170426
43200CB00008B/1217